概説
労働市場法

著｜鎌田耕一

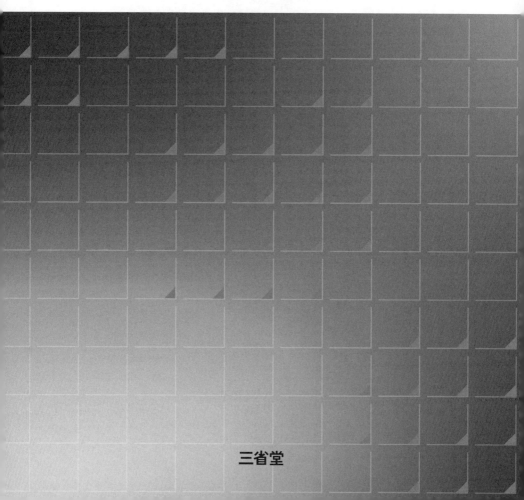

三省堂

■第2版　はしがき■

　初版が刊行されてから4年が経過した。この間に労働法は大きく変化した。2017年3月に働き方改革実行計画が公表され、その後、時間外労働の上限規制導入による長時間労働の抑制、同一労働・同一賃金による非正規雇用労働者の待遇改善、柔軟な働き方ができる就業環境の整備など関係する法令改正がなされてきた。

　労働市場法の領域に限っても、派遣労働者の労働条件改善のために派遣先均等・均衡方式及び労使協定方式が導入され、2020年4月施行されている。また、多様な働き方を促進するために、2018年にこれまでの雇用対策法は労働施策総合推進法に改められた。さらに、昨年からの新型コロナウイルス感染症拡大による雇用情勢の悪化に伴い様々な雇用政策が展開された。解雇予防のための雇用調整助成金の支給率・支給額の上限が引き上げられ、休業手当の支給が困難な場合、従業員が直接に国に申請できる新たな制度（「新型コロナウイルス感染症対応休業支援金・給付金」）も導入された。第2版は、こうした最近の動向も反映している。

　本書の執筆意図は初版のはしがきに書いたとおりであるが、繰り返すと、雇用問題に関心のある実務家及び大学生、人材サービス事業に従事する人、国・地方公共団体・NPOにおいて雇用対策に関与する人たちに対して、労働市場法全体を把握できるための概説書を目指している。概説書ではあるが、労働市場法の基本的な法制度を網羅し、体系的に解説している。さらに、労働市場法をより深く学習する際の「道しるべ」になるように、各制度の裏付けとなる法律条文、施行規則、さらには行政文書を逐一明示している。

　こうした特徴をもつ類書が少ない中で、本書は、幸いにも、求人メデイア業界団体による社員研修で参考書として利用されるなど、労働市場法に関心をもつ実務家に活用されている。私自身も大学で法学部及び法学部以外の学部学生を対象に「労働市場法」に関係する科目を講義する際に教科書として使用している。

　アフターコロナの労働市場がどうなるか現時点では予測しがたいところだが、今まで以上に、雇用対策や職業仲介事業の役割が増すことは間違いないところであろう。本書が、雇用問題に関心を持つ人にとって、さらなる一歩を踏み出すきっかけとなってくれることを期待したい。

　　2021年7月

　　　　　　　　　　　　　　　　　　　　　　　　　　　　著　者

■初版　はしがき■

　仕事で得た報酬で生活する人の多くは、自分の能力に見合った仕事に安定的に就くことを願っているだろう。そのために、ハローワーク・求人メディア等、仕事を仲介するサービスが存在する。しかし、仕事に就けないときもある。そうした場合に備えて、失業中の生活を支える雇用保険制度があり、失業者は一定の手当や研修などを受けて再就職の準備を行うことができる。ある種のハンディキャップをもつ人達が就職しやすくなるように、雇入企業に助成金を支給する。労働市場法とは、人と仕事とを結びつける、このような様々なサービスや政策に関する法律の総称である。

　労働市場法は、労働法の一分野であるが、これまであまり注目されてこなかった。他の先進国に比べ、日本は失業率が低く、雇用については優秀な国と見られていたからである。労働法は、解雇・長時間労働など、現に雇用されている労働者に生じる問題を主たる対象としてきた。しかし、1990年代初めのバブル経済の崩壊、2008年のリーマン・ショックを契機とした世界不況により、わが国でも雇用環境は悪化し、職業を仲介する事業や失業者の生活保障・再就職に向けた国の支援に注目が集まるようになった。

　労働市場法に属する法律は、具体的には、職業安定法、雇用対策法、労働者派遣法、雇用保険法、障害者雇用促進法、職業能力開発促進法などがあるが、労働基準法、労災保険法などの伝統的な労働法とはいくつかの点で異なる特徴をもっている。

　労働市場法を他の労働法と分ける第1の特徴は、労働者の保護だけではなく、事業規制をも目的としているという点にある。例えば、労働者派遣法は、派遣労働者の保護を図る様々な制度を設けているが、これにとどまらず、労働者派遣事業に対して事業許可を義務付けたり、事業を行う場合のルールを規定したりしている。その意味では、人材サービスを提供する事業にとっては、労働市場法は、ビジネスを行う上での土俵を提供しているといえよう。

　第2の特徴としては、労働市場法は、国の雇用政策と密接に関係している。現在、政府は、若者・女性・高年齢者・障害者などが活躍しやすい社会的イン

フラの整備に向けて、様々な政策を立案・実施している。労働市場法は、その基本理念に基づいて各種の制度とルールを体系的に展開するものであるが、同時に、その折々の政府の政策にコミットして発展してきた。

労働市場法に関して、労働法のこれまでの体系書・教科書はあまり触れてこなかったし、触れてもごく一部法律にとどまっていた。それは、労働市場法が、他の労働法領域と比較しても広範な内容をもっており、また、複雑であることが一因としてあるのかもしれない。また、実務家は自身の関係する領域には詳細な知識を有しているが、必ずしも労働市場法全体と関連付けて理解しているわけではない。こうした状況の下、労働市場法の基本的な知識を示しながら全体像を体系的に概説する本書の刊行には、一定のニーズがあると考えたのである。

本書は、労働法を専門としている実務家や大学で労働法の講義を受講する学生にとどまらず、人材サービス事業に携わる人、国や地方公共団体の雇用政策に携わる人や、若者・高年齢者・障害者などの雇用問題に関心をもつ人が、複雑多岐にわたる労働市場法の内容を要領よく理解できるよう、コンパクトにまとめている。著者は、2002年以降、厚生労働省労働政策審議会委員としていくつかの法律の立法・改正に関与したが、こうした経験に裏打ちされた記述があることも、本書の特徴といえるであろう。

本書の内容は、労働市場法に関する多くの文献の成果に依拠しているが、読者が細部にこだわらずに学習できるように、文献の案内などの注記は最小限にとどめた。また、政省令、業務要領等の運用については、厚生労働省の担当部局の方々にご教示をいただいた。学恩とご教示にこの場を借りて感謝したい。

本書がこの時期にこうした形で出版できたのは、ひとえに三省堂の井澤俊明氏のご協力のたまものである。労働市場法の改正履歴のチェックや読者目線で読みやすくする工夫などで様々な支援をいただいた。

最後に、本書が、労働市場法に対する関心を高めることに少しでも役に立てば、これ以上の喜びはない。

2017年8月

著　者

第4章 労働市場法の目的と体系

第5章 労働市場の機構

第6章 労働市場法の実効性確保

第7章 職業仲介法

▌第10章　職業能力開発と法

COLUMN

装丁＝臼井弘志
組版＝エディット

■ 略称一覧 ■

本書で用いた主な法令と判例集の略称は以下の通りである。

1. 法令 （略称50音順）

求職者支援	職業訓練の実施等による特定求職者の就職の支援に関する法律
高年	高年齢者等の雇用の安定等に関する法律
雇保	雇用保険法
最賃	最低賃金法
障雇	障害者の雇用の促進等に関する法律
職安	職業安定法
職業紹介事業者等指針	職業紹介事業者、求人者、労働者の募集を行う者、募集受託者、募集情報等提供事業を行う者、労働者供給事業者、労働者供給を受けようとする者等が均等待遇、労働条件等の明示、求職者等の個人情報の取扱い、職業紹介事業者の責務、募集内容の的確な表示、労働者の募集を行う者等の責務、労働者供給事業者の責務等に関して適切に対処するための指針
地雇	地域雇用開発促進法
徴収	労働保険の保険料の徴収等に関する法律
能開	職業能力開発促進法
派遣	労働者派遣事業の適正な運営の確保及び派遣労働者の保護等に関する法律
労安	労働安全衛生法
労基	労働基準法
労契	労働契約法
労推	労働施策の総合的な推進並びに労働者の雇用の安定及び職業生活の充実等に関する法律
労組	労働組合法
若者雇用	青少年の雇用の促進等に関する法律

※「高年齢者等の雇用の安定等に関する法律」→「高年齢者雇用安定法」等として表記を省略したものもある。また、法令名の略称に「施行規則」等と付記したものは、各法令の下位法令を表す。

2. 判例集

刑集	最高裁判所刑事判例集	**高刑特**	高等裁判所刑事判決特報
判時	判例時報	**民集**	最高裁判所民事判例集
労判	労働判例		

第1章
労働市場と労働市場法

第1節　労働市場と法

　私たちは働いた報酬で生活しているので、仕事に就けないときの不安は言葉には表せない。現代社会においては、労働もまたひとつの商品であり、市場で売り買いがなされる。求人企業と求職者が出会う場所はいろいろだが、それは全体として労働市場と呼ばれる。

　労働市場もまた商品市場のひとつとして、価格により資源を効率的に配分するメカニズムである。すなわち、労働力の価格（賃金）決定を通じて、労働力の需給調整がなされることにより、労働力資源の効率的な配分を行うメカニズムが労働市場だといえる。

　しかしながら、労働市場は、他の商品市場と比較してかなり特異なものである。それは、労働力が個人の人格と結合し、日々の糧を得るために売り惜しみのできない商品であること、そして、求職者・求人企業の情報がきわめて不完全であることに起因する[1]。こうした特異性から、労働市場は、求職者・求人企業の事実的な取引行為の集積であるだけではなく、労働契約などの法形式と需給調整に関連する様々なシステムを包含する概念だといえよう[2]。

　労働条件の決定システムに着目すると、労働市場は、企業内部の労働条件決定システム（例えば、労働協約又は就業規則）により労働力の需給調整がなされるメカニズムと、企業の外部において組織化されずに需給調整がなされ

---

[1]　清家篤『労働経済』（東洋経済新報社、2002年）151頁。

[2]　Deakin and Wilkinson, "The Law of the Labour Market" Oxford Press,2004,p.1.

るメカニズムに分けられる。経済学では、この企業内部で労働条件が集団的・組織的に決定されるメカニズム（企業組織）を「内部労働市場」といい、これに対して、企業の外部における、求職者・求人企業及びこれを仲介する職業仲介事業が活動するメカニズムを「外部労働市場」という[3]。

　法律学では、労働市場という用語は、通常、外部労働市場を指している。労働市場とは、就業を希望する者（求職者）と労働力を求める企業（求人者）が多数存在する状況の下で、それらの求人・求職の結合に向けた活動を「労働力の需給調整」として位置付けた場合、求職者と求人者との間の労働力の需給調整が行われるシステムをいう[4]。

　日本では、内部労働市場が発展し、1970年代に新卒一括採用、従業員の柔軟な企業内異動、年功に応じた賃金体系、定年までの雇用保障などを柱とする日本的雇用慣行が定着した。戦後制定された法律の多くは、主として内部労働市場を対象とするものであった（労働基準法、労働安全衛生法、労働契約法など）。労働法学も、伝統的に、企業内の雇用関係の成立、変更、終了に伴う紛争、例えば、採用内定取消、労働条件の決定・変更、長時間労働、労災、解雇などの紛争を主たる対象としてきた。

日本的雇用慣行

　日本的雇用慣行は、高度経済成長期（1960年～1974年）にその原型が作られ、安定成長期（1975年～1996年）に全面的に展開を遂げた日本の大企業・中堅企業の正社員と企業との間に形成された、雇用関係に関する労使間の慣行である。法的には、1975年の日本食塩事件最高裁判決（最判昭和50・4・25民集29巻4号456頁）による解雇権濫用の法理、1974年の東芝柳町工場事件最高裁判決（最判昭和49・7・22民集28巻5号927頁）による雇止め法理によって定着する。その具体的特徴には、終身雇用（長期安定雇用）、新卒一括採用、内部人材育成、年齢に応じた賃金管理、企業別労働組合との労使協議等がある（平野光俊「日本的雇用システムは変わったか？」日本労働研究雑誌606号（2011年）2頁参照）。日本

3　菅野和夫・諏訪康雄「労働市場の変化と労働法の課題——新たなサポート・システムを求めて」日本労働研究雑誌418号（1994年）6頁、樋口美雄・児玉俊洋・阿部正浩編著『労働市場設計の経済分析』（2004年）3頁。
4　厚生労働省・雇用法制研究会報告書「今後の労働市場法制の在り方について」（1998年）1頁の定義を参考にした。

> 的雇用慣行の特徴については、仁田道夫・久本憲夫編『日本的雇用システム』（ナ
> カニシヤ出版、2008年）が詳しい。

　また、日本では、多くの労働組合が企業内の従業員だけを組織したために、こうした企業内組合は当該企業とのみ団体交渉を行い、その企業の従業員だけに適用される企業内労働協約を締結した。ヨーロッパなどでみられる産業別協約は日本では十分発達しなかった。したがって、使用者と労働組合との間の労使関係も、主として内部労働市場を基礎としていた。

　これに対して、外部労働市場は、1980年代までは、新卒一括採用などにより若者の就職が順調であったことや、失業率も比較的低いままで推移してきたために、労働法全体に占める位置はそれほど大きくなかった。外部労働市場に関する法律も、職業安定法（1947年）、旧雇用対策法（1966年。2019年に労働施策総合推進法に改称）、雇用保険法（1974年）など、内部労働市場の法と比較してそれほど多くはなかった。また、これらの法律をめぐる紛争も少なく、労働法学も他の労働法分野と比較してあまり関心を寄せてはこなかったといえよう。

　こうした労働市場をめぐる環境は、1990年代のバブル経済の破綻を経て大きく変化した。失業率は上昇し、一時は5％を超える水準に達した。また、新卒者もかつては9割近くが採用内定を得ていたものが、バブルの破綻以降は就職氷河期が続いた。他方で、公共事業などの雇用創出策は、国家財政の逼迫により以前ほど展開できなくなった。ここにおいて、外部労働市場に関心がもたれるようになる。

　日本は、国際労働機関（ILO）が民間職業仲介事業の原則自由化を認めた181号条約を1997年に採択したことを契機として、1999年に職業安定法、労働者派遣法の改正を行い、外部労働市場の機能を高める政策を積極的にとるようになった。改正職安法・改正派遣法は、職業紹介の国家独占を廃棄し、労働者派遣事業などの民間職業仲介事業の活動を原則自由化した。しかし、こうした労働市場に関する法政策の転換に対しては、これを労働者の保護を弱める規制緩和だとする厳しい批判もなされた[5]。

　労働市場における国の役割については、これを積極的に評価する立場（積

極主義）と、消極的に評価する立場（消極主義）の間で対立が続いてきた。消極主義は、国の介入が労働市場の機能を攪乱させるとして、国の雇用政策は失業保険制度などのセーフティ・ネットに限定されるべきだと主張する。これに対して、積極主義は、職業仲介事業の活動を規制し、雇用創出・需給調整のための様々な政策を国が主体的に行うべきだと主張する[6]。

こうした対立は現在においても解消されるに至っていないが、個々の法政策レベルでみるとそれほど大きな差をもたらすものとはいえない。外部労働市場は、求職者・求人企業の自立的な活動によって効率的に機能することが期待されるが、国の何らかの支援・介入なしに行われているわけではない。ハローワークによる無料の職業紹介、失業防止のための雇用調整助成金、失業時の所得補償としての雇用保険、個々人の職業能力開発のための公的職業訓練と各種の雇用関連助成金などは、今や、失業を防止し、求職者が良質な職業機会を得る上で不可欠の制度となっている。

雇用に係わる各種民間事業、また就職に困難を抱えている人たちをサポートするNPO等の各種団体は求職者の状況に合わせて精力的に活動しているが、これらが国の雇用サービス全てに取って代わることは不可能であろう。外部労働市場は、求職者・求人者及び民間事業者の自由な取引だけからなっているのではなく、様々な法政策とルールを基礎としてはじめて、その機能を十分に発揮し得るといえよう。

こうしてみると、外部労働市場は、職業仲介事業等が活動する際のよりどころとなるルールや、雇用保険制度、公共職業訓練機関などの機構を組み込んだシステムであり、その機能を適切に発揮させるシステムが必要である。本書は、こうしたシステムを労働市場の法又は労働市場法と呼んでいる。

5　西谷敏『規制が支える自己決定』（法律文化社、2004年）74-75頁。
6　諏訪康雄「労働市場法の理念と体系」日本労働法学会編『講座21世紀の労働法』第2巻「労働市場の機構とルール」3-6頁（有斐閣、2000年）。

第 2 節　労働法の第 3 の領域

　労働関係法規集又は労働法の教科書をみると、職業安定法、雇用保険法、労働者派遣法など表 1 に掲げる法律は労働市場法と呼ばれ、労働者・使用者の関係を扱う雇用関係法（労働基準法、労働契約法などを扱う法領域、個別的労働関係法ともいう）及び使用者・労働組合の関係を扱う労使関係法（労働組合法などを扱う法領域、集団的労働関係法ともいう）と並ぶ第 3 の労働法領域に分類されている[7]。

　表 1

- 職業安定法
- 労働施策の総合的な推進並びに労働者の雇用の安定及び職業生活の充実等に関する法律（労働施策総合推進法）
- 雇用保険法
- 労働者派遣事業の適正な運営の確保及び派遣労働者の保護等に関する法律（労働者派遣法）
- 職業能力開発促進法
- 地域雇用開発促進法
- 障害者の雇用の促進等に関する法律（障害者雇用促進法）
- 高年齢者等の雇用の安定等に関する法律（高年齢者雇用安定法）
- 青少年の雇用の促進等に関する法律（若者雇用促進法）
- 職業訓練の実施等による特定求職者の就職の支援に関する法律（求職者支援法）

　これらの法律は、その目的に違いがあっても、共通して、求職者又は失業者に雇用機会を提供し、失業中の生活を保障するといった雇用関連サービスの提供を目的としている。すなわち、これらの法律は、求人企業と求職者との円滑な結合に向けた労働力需給調整機関（ハローワーク、職業紹介事業者等）

[7]　菅野和夫『労働法（第12版）』（弘文堂、2019年）第 2 編、荒木尚志『労働法（第 4 版）』（有斐閣、2020年）第 4 部、水町勇一郎『詳解　労働法』（東京大学出版会、2019年）第 4 編。

に関するルールを定め、雇用を促進するための諸施策（雇用促進支援措置や職業能力開発など）を実行し、さらには失業者に対する生活保障のため給付（失業給付）を行うために制定された法令ということができる。

第3節　本書の目的

1. 体系化の必要性

　これまで、労働市場法の体系化を試みるものがないわけではなかったが、必ずしも人々の興味を引きつけてこなかった。解釈論に重きを置く伝統的な法学からすると、この領域は労働市場をめぐる行政組織や民間事業のあり方とその運用を規制する法令が大部分であり、ほとんど訴訟の対象とならないこともあり、いわば腕のふるいようがないことが大きかった上に、多くの議論が立法政策論の世界に関係しており、これも正面切って論じるには、伝統的な法学の側に準備の足りないところがあったからである。

　大学での労働法教育においても、労働市場法は、権利義務関係をめぐる紛争処理を扱う雇用関係法・労使関係法と比較し、ほとんど講義科目として開講されてこなかった。現在でも、こうした科目を設置している大学はそう多くはないように思う。

　しかし、転職、失業、再就職が身近になっている現代において、求職者、求人企業、雇用関連サービス事業に関係する人々にとって、これら法律・雇用政策の知識は不可欠である。確かに、インターネット、雑誌等には、職業紹介事業、労働者派遣事業などの人材ビジネスの情報があふれている。しかし、個々ばらばらの情報だけでは、自分の今後の職業生活（キャリア）を描く上で不十分である。個々の情報を理解する前提として、労働市場法全体を体系的に把握する視点がなければ、個々の知識を応用する力も育たないであろう。

　本書は体系化に当たって、ひとつの目標をもっている。

　これまで、労働市場法は、どちらかというと、憲法27条1項の労働権保障

を基軸として国の雇用政策を論じるものが多かった。それが、バブル経済の破綻以降、労働市場機能を積極的に活用しようとする立場が出現し、労働市場に関する制度設計及び法政策に積極的に発言しようとする姿勢が強まった。

こうした変化は、労働市場の役割をこれまで以上に重視し、規制の在り方を転換させ、さらに、労働市場における国の役割の見直しを促すものであった。また、理論面でいえば、個別紛争処理を主要な任務とする伝統法学と違って、労働市場の制度設計の是非が主要な課題とされることになった。

本書は、労働権保障を基軸として労働市場の機能を高め、個人がその能力に適う職業に就きキャリア・アップを図ることにより安定した職業生活を送るためのガイドブックであることを目指している。憲法27条1項が国民に労働権（勤労権）を保障していること、国際的には、ILO122号条約（雇用政策）、世界人権宣言が雇用政策の基礎に労働権を置いていることなどから、労働市場法をこうした憲法的価値の実現を図るものと理解するのが適当だと考えるからである。

2. 体系化の視点

体系化にあたって2つの点が重要である。第1に、労働市場法は、労働市場における民間の職業仲介事業の役割と国の役割を公平に把握し、相互に共同して労働市場の機能を高めるものでなければならない。労働権の実現において、職業仲介事業その他労働市場におけるプレーヤーが重要な役割を果たすからである。

1999年の職業安定法の改正により、日本の雇用政策は、職業紹介の国家独占から民間を含めた他の雇用サービス機関との協働へと転換した。そのときから既に20年以上経過している。議論は、国家主体の規制強化派と民間事業者主体の規制緩和派の両極端の間を揺れ動く状態から脱して、個人がやりがいのある充実した職業生活を送るために、官民はどのような役割を担うべきかという第2ステージに入っている。労働権、職業選択の自由という理念からみると、国民が充実した職業生活を送ることができる仕組みの構築こそが重要であり、官民のいずれかを優位にみるのではなく、法目的の実現に向けて、その特性を活かすことが肝要である。

第2に、労働市場法の適用対象である求職者の範囲を広げるべきだと考えている。これまでは、求職者とは、正規雇用の労働者として就職することを希望する求職者を中心としていた。しかし、近年では、非正規雇用職場が広範に存在し、さらに、最近は、請負・業務委託などの雇用以外の形式で就業する者（ここでは非雇用型就業者と呼ぶ）が増加している。そう遠くない将来、技術革新の進展、経済の国際化に伴い、日本において働き方が大きく変化すると予想されている。労働市場法は、こうした働き方の変化にも目を向けるべきだと、本書は考えている（厚生労働省「雇用類似の働き方に係る論点整理等に関する検討会　これまで（令和元年6月中間整理以降）の議論のご意見について」（2020年12月））。

　確かに、非正規雇用の職場、非雇用型就業は安定性、処遇面で大きな問題を抱えている。しかし、日本は新卒一括採用、企業内の職業訓練、年功による処遇の向上といった特徴をもつ企業内労使関係を中心に発展してきた。そのため、行政としては正規雇用を中心に置いた雇用政策をとることにやむを得ない面もある。これに対して、日本型雇用社会をこれまでのメリットを活かしながらヨーロッパの職種別労働市場のようなジョブ型雇用社会へと転換すべきだとする意見もみられるところである（日本経団連「2021年版　経営労働政策特別委員会報告」2020年35-37頁）。

　現在の労働市場では、非正規労働者が約4割を占め、非雇用型就業者を含めると、今後は正規労働者以外の就業者が労働市場の相当な範囲を占めることが予想される。そうであれば、労働市場法を構想する上で、正規雇用だけを優位に捉え、他の就業形態を縮減することに政策目標を置くのではなく、多様な形の働き方を認め、個人が自己の職業能力に適した職業を自由に選択し、キャリアを主体的に形成できるようにした上で、良質な就業形態に移行可能であり、かつ、生涯にわたって安定的な職業生活を送ることができるようにすることを目標とすべきであろう。

　以上のような、基本的構想をもって、労働市場法の体系化を図ることが、本書の目的である。すなわち、個人が一生の職業生活の中で多様な就業形態を経験することが想定される中で、労働市場法は、良質な待遇を保障するものが多い正規雇用形態を重視しつつも、個人が、様々な事情から他の正規雇

用又は非正規就業形態を選択する場合、その移行が過度なリスクとならないようにする仕組みの構築、また、非正規就業に固定化されないような仕組みの構築に努めなければならない。

第2章

労働市場法の概念と歴史

第1節　労働市場法の概念

1．労働市場法の概念

　労働市場とは、就業を希望する者（求職者）と労働力を求める企業（求人者）との間の労働力の需給調整が行われる場所をいう。

　経済学では、労働市場を「内部労働市場」（企業組織）と「外部労働市場」（あるいは単に「労働市場」）と呼んで分けている。外部労働市場は、通常、求人・求職の仲介・あっせんなど労働力を求める求人企業と仕事を求める求職者との間のマッチング（これを「労働力の需給調整」という）が行われる場所をいう。労働市場法が対象とするのは、主として外部労働市場である。

　求職者が、その職業能力に適した良質な就業機会を得るためには、学校卒業から就職への円滑な移行、転職の支援、失業からの再就職支援、職業訓練、失業時の所得補償など就業確保のための雇用に関連するサービスが求められる（本書では、こうした雇用関連サービスを雇用サービスという）。

　雇用サービスを担うのは、国の公共職業安定所、失業時の生活を保障する雇用保険制度、公共職業訓練施設である。さらに、民間では、求人・求職情報を提供する事業（募集情報等提供事業）、有料職業紹介事業、労働者派遣事業などの職業仲介事業その他様々な人材ビジネス、あるいは就職に困難を抱えている人たちをサポートするNPOその他の各種団体がある。

　労働市場法とは、求人・求職に向けた活動（労働力需給調整）とこれに関与する主体に関する法領域であり、内容面からいうと、労働力需給調整及び求

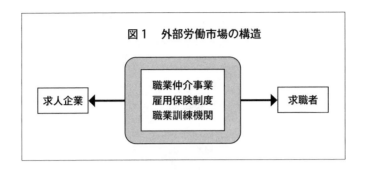

職者・求人企業に対する雇用サービスに関する機構とルールを指している。

2. 労働市場法の適用対象

　労働市場法が適用される対象は、求職者、雇用サービス事業、そして求人者（求人企業）である。

(1)　求職者

　求職者とは、新規学卒者、離職した失業者、別の会社に転職を希望する者など、それぞれの理由から就職の希望する者をいう。より厳密にいうと、求職者とは、対価を得るために自己の労働力を提供して職業に就くために他人に雇用されようとする者とされている（職業紹介事業の業務運営要領第 1 の 1 (1)）。

　しかし、上記の理解は 2 つの観点から修正が必要である。

　ひとつは、求職者には、正規労働者の職を希望する者だけではなく、契約社員、パートなどの非正規就業、請負・委託などの非雇用型就業なども含まれる。現代社会において就業形態はますます多様化するであろう。働き方の将来予想にたてば、どれかひとつの就業を優位において、他の形態への入職を制限する仕組みはとるべきではない。職業選択の自由は尊重されるべきである。多様な職業に就くことを希望する者全てが法律の適用対象であるべきである。

　求職者とは、就業形態の如何を問わず、対価を得るために多様な就業及び準備段階において、自己の労働力を提供する意思をもつ者を指すといえよう。

具体的には、①正規雇用の求職者、②非正規雇用・請負等の多様な就業形態に就くことを希望する者、③職業訓練生や心身の状況等から福祉的な就労に従事するなど就職予備軍などを含む。

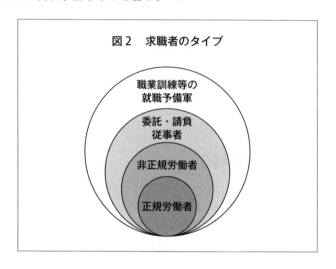

図2　求職者のタイプ

職業訓練等の
就職予備軍

委託・請負
従事者

非正規労働者

正規労働者

　2つ目として、求職者の人生という時間軸から職業生活をみなければならない。求職者は一生の間に様々な職業生活を経験する。修学を終えて就職、転職、正規雇用から非正規雇用への転換（その逆も）、在職から失業及び失業から再就職などである。特定の時期の就業形態だけに特化するのではなく、求職者の職業生活の全期間をみなければならない。学卒時の就職だけにとどまらず、多様な就業形態を円滑に移行し得るような仕組みが必要である。例えば、子育てのためにパートで働いていた女性が、それがひと段落して希望した場合は、正社員の職業に容易に就くことができるような仕組みが必要である。

　こう考えると、求職者とは、雇用にとどまらず、広く仕事を探す者を指すといえる。

　個人の職業生活の流れを縦軸として労働市場を捉えると、職業生活の各局面で、やはり雇用サービスが重要な役割を果たすことが分かる。

　労働市場法は、求職者の一生の職業生活を視野に入れて、ある特定の時期の労働力需給調整だけではなく、学校から就職、転職、正規雇用から非正規

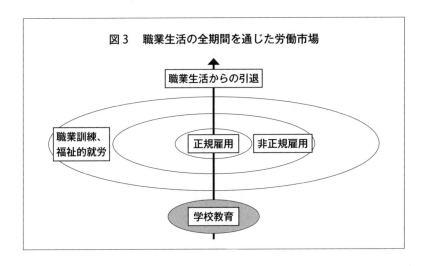

図 3　職業生活の全期間を通じた労働市場

雇用への転換、在職から失業及び失業から再就職などの就業形態の移行過程をみて、求職者・求人企業の労働力の需給調整のためのサービスに関する制度やルールを対象としている。

(2)　雇用サービス事業

　職業のマッチングは、例えば、店舗の入り口に張ってある求人ポスターを見て仕事を見つけるといった場合を除けば、ほとんどの場合、様々な雇用サービス事業が介在する。

　雇用サービス事業には様々な種類がある。まず、労働力の需給調整に直接に関与する事業がある。それは、公共職業安定所（職安・ハローワークという呼び名のほうが通りは良い）、民間職業紹介事業、労働者派遣事業、求人・求職情報雑誌の発行や求人情報サイトを運営する雇用情報提供企業などである。本書では、マッチングに関与する事業の中で、公共職業安定所以外の事業者を職業仲介事業という。

　次に、失業者、求職者が円滑に適職に就職、再就職できるようにサポートする事業がある。失業者が再就職するまで生活を保障する雇用保険制度、国又は地方自治体の運営する公共職業訓練機関及び民間の職業訓練企業、あるいは長期失業者、障害者など就職に困難をかかえている人たちをサポートす

るNPOその他の各種団体がこれに当たる。

　労働市場法は、こうした雇用サービス事業の運営、活動のルールを規定している。

⑶　求人者（求人企業）

　これまでは、求人者とは、対価を支払って自己のために他人の労働力の提供を求めるため、他人を雇用しようとする者をいうとされてきた。しかし、求職者の定義のところで述べたように、労働市場のプレーヤーは雇用の形態に就く者だけではなく、請負や委任の形式をも含むものであるから、より広い視点からみるべきであろう。

　経済学によれば、「労働需要は生産からの派生需要である」とされる。すなわち、企業による労働需要（雇用）は、生産活動（モノやサービスを売って利益を上げること）があってはじめてそこから派生する需要である。後述するように、労働市場法の目的は個人の職業生活の安定等にあるが、その目的を実現するためには、企業が労働者を雇い入れることが前提となる。その意味で、国は、経済政策、金融政策などと相まって、求人企業に対して積極的に労働需要を喚起する政策を講ずる必要がある。

　求人企業は労働力の需給の相手方という当事者のひとりであるだけではなく、多様な雇用政策の対象でもあるということである。そして、雇用政策の対象は、民間会社だけではなく、NPO、シルバー人材センターなど非雇用型就業者を使用する企業も含まれる。

3. 労働市場における国家の役割

　国民にその能力に見合った適職を提供する上で、国家は大きな役割を果たしてきた。しかし、労働市場において国の役割を重視する福祉国家的な立場（例えば、人材ビジネスの活動をできるだけ制限しようとする見解）と、できるだけ市場メカニズムに委ね国の役割を縮小させるべきだとする立場（例えば、公共職業安定所の民営化）が対立してきた。

　この対立の溝はかなり深いが、実際上の論点に着目すると、極端な政策上の対立をもたらすものではなく（例えば、市場メカニズムを重視する学説であっ

ても雇用保険制度を不要とするものは見当たらない）、むしろ、個別政策・ルールの評価をめぐる立場の違いといえよう。

　経済学において、労働市場は、情報の非対称性、労働者の職業能力の育成に関する不透明さ、労働市場における労使の交渉上の地位の格差などから、他の商品市場より一層多くの不完全性を抱えているとされる。

　こうした不完全性を法制度により補完しなければ、市場メカニズムそのものが有効に機能しない。しかし、求職者・求人企業間には交渉上の地位の格差が存在し、また、景気循環により非自発的な失業は避けられないことは明らかである。

　失業は往々にして労働者の生活を破壊し、そのキャリア形成を困難にする。これは個々の労働者の問題にとどまらず、労働市場の効率的な働きを阻害し、社会全体を不安に陥れるおそれがある。そこで、労働市場機能の活用とともに労働者の生活の質を向上させ、職業生活を安定させる措置が求められる。そして、市場メカニズムの重視と労働者・求職者の職業の安定の確保は相互に排斥しあうものではなく、これをバランスよく発展させる制度設計が求められる。

国家と市場の補完的関係

　経済における国家（政府）の役割をどう捉えるかは、経済学において長く議論されてきたテーマである。国家は国民に対して、あることを強制し、禁止することのできる唯一の存在である。法治国家の下では、そうした強制・禁止は法規範に従わなければならない。ところが、これを支える政府・官僚組織は不完全であるために、政府を批判する人たちは、市場の自律的作用こそが効率の良い結果を生み出すと主張している。官僚組織等による不効率な施策の結果は「政府の失敗」といわれる。しかし、最近の経済学は、「政府の失敗」論に対して、政府と市場とを相互に作用し合うパートナーとして、補完的関係にあると捉えるべきだと指摘している。特に、労働市場は、労働者の人格・生活と密接に結合した労働力が「商品」であることから、最低賃金制度、雇用保険制度等は、市場が最も効率的に機能するための不可欠の基盤となっているといえる。国家と市場との補完的関係については、青木昌彦・奥野正寛・岡崎哲二編『市場の役割　国家の役割』（東洋経済新報社、1999年）が参考となる。

効率的で公正な市場を構築するためには、労働者の職業能力開発を支援する制度、失業時の所得保障などが不可欠であり、この面での国の役割は重要である。しかし、職業能力開発支援、雇用機会創出、失業時の所得保障などに要する費用を誰がどの程度負担するかはすぐれて正義に係わる問題である。経済学は、市場を支える制度の必要性を明らかにするが、その費用配分の公正性や平等性については十分な指針を与えてくれない。

　労働市場法の意義は、この問題に対処するためには、正義に適った制度やルールを構築し、運用することにある。費用を労働者・使用者・国が適正に分担するために社会保険制度という形をとったり、労働者が職業選択を適正・円滑に行うことができるように雇用サービス事業の活動を規制したり、国が直接間接に政策的責務の主体となって、税や社会保険に基づく財政的基盤をもって事業主や労働者に対して財政的な助成措置等の方法を通じて雇用を創出したりすることは、全て労働市場法に特有の課題である。

第2節　労働市場法の歴史

　近代的な労働市場は、身分制度が廃止され、人の自由な移動が認められるようになった、1868年の明治維新以降に成立した。労働市場法の歴史は、労働法の他の分野に比べ、その時々の労働市場の状況、政府の経済・雇用政策の影響を強く受け、その織りなす像は単純ではない。本書は、労働力の需給調整（マッチング）とこれに関与する雇用サービス事業に関する立法と政策に照準を合わせて、その変遷を記述している。これを踏まえると、労働市場法の歴史は、①戦前期（民間職業仲介事業が主として活動した時期）、②1945年～1950年代前半（労働市場法の骨格が形作られ、職業紹介の国家独占を原則として、主として失業対策に精力を傾けた時期）、③1950年代後半～1980年代（高度経済成長期、人手不足と産業構造の転換による労働力移動が課題とされ、その後の低成長期を経て、積極的雇用政策が展開された時期）、④1990年代～2008年（バブル経済の破綻から、市場機能を重視した法制度改革がなされた時期）、⑤2008年～現在（リーマンショックによる経済不況を経て、少子高齢化が進展する中で、国が再び積極的

に雇用政策を展開する時期）に分けることができる。

労働市場法の歴史をどう記述するか？

　労働市場法の歴史は基本的に法律の成立・展開を中心に記述するが、記述の方法は大きくは 2 つに分かれるように思う。1 つは、労働市場及びそのプレーヤーの基本的特徴に着目して時代区分を行い、これにそって法政策を記述するという方法と、労働市場の法政策（職業安定行政、職業能力開発政策など）毎に分けてそれぞれの成立・展開を記述する方法である。労働市場法は政策と密接に関係するので 2 つの立場はすっきりと書き分けられないのが実情であるが、本書は前者の立場から基本的な流れを記述し、その後、個々の法政策に照準を合わせて歴史を記述するという方法をとっている。後者の立場から歴史を記述する著作としては、濱口桂一郎『日本の労働法政策』（労働政策研修・研究機構、2019年）がある。本書では各所でこの著作を参考にしている。

1.　戦前期

　日本では、古くから、営利を目的とした職業仲介事業者が労働力の需給調整を担ってきた。職業紹介が商売として始められたのは江戸時代に入ってからだとされているが、明治維新後、関所が廃止され、人の移動が活発になると、様々な職業仲介事業者（有料及び無料の職業紹介事業者、労働者募集人など）が登場した。

　これらは明治初期から中期にかけて、農村の労働力を成長しつつある産業に移動させる役割を果たした。しかし、こうした職業仲介事業者は、女工哀史や監獄部屋にみられるような重大な弊害ももたらした。

　職業仲介事業の弊害を除去するため、1872年に当時の東京府は早くも「雇人請宿規則」を公布し、免許監察のない周旋業者の営業禁止、手数料の制限などの規制を行った。その後、1890年代までに多くの府県において周旋業者の警察取締規則、「職工募集取締規則」を発布した。

　政府は、1911年に工場法を公布するが、周旋業者に対する規制をここでは行わなかった。政府は1925年に営利職業紹介事業取締規則を発したが、それは、営利職業紹介事業に対する地方長官の許可制、紹介業者の兼業禁止、事業状況の所轄警察署への届出などであり、既に各府県で発していた取締規則

を統一したものにすぎなかった。また、政府は、各府県の募集取締規則を統一するために、1924年に「労働者募集取締令」を公布する。

一方、第1次世界大戦の終了（1918年）により日本は深刻な不景気に陥り、多くの失業者が発生した。これ以前の段階では、生計手段を失った者は「自ら生計を営み難き者」として、慈恵政策の対象と考えられていたが、1920年4月、当時の社会政策一般を調査する救済事業調査会の答申に沿って、政府は、失業対策のための官民共同協議会の設置、職業紹介所の設置、事業主との懇談、多数失業者発生地における土木工事の施工、無料宿泊所の設置、失業者の帰農の奨励を地方長官に通牒した。

同時に、政府は、失業対策の措置に関する通牒「失業保護ニ関スル件」を発し、その一環として公益職業紹介制度の導入を府県に求めた。これを受けて、各府県は無料職業紹介所を設置するが、それは主に民間の公益職業紹介所が担っていた。

国営の職業紹介所の設置が強く求められ、日本最初の労働市場法といえる職業紹介法が1921年に公布される。しかし、その内容は職業紹介を国の責任とするものであったが、依然として市町村が紹介所を設置するもので、国営ではなかった。

その後、1929年からの世界不況の影響を受け、失業問題が深刻化する。ここで政府は、東京、大阪などの都市において失業者救済事業を開始する。この失業者救済事業は、当初臨時応急的であったが、世界大恐慌の吹き荒れた1929年からは、失業者の多い地域に限定せずに、対象者も日雇労働者のみならず小額給料生活者にまで広げた。その後、満州事変の勃発に伴い景気が好転し、1935年には失業者救済事業はいったん消滅する。

1938年に職業紹介法が改正され、ここではじめて国営の職業紹介所が設置される。しかしながら、国営化は、本来の目的である失業対策ではなく、1937年に開始した日中戦争を遂行するため、軍需産業での労働力不足に対処するものであった。

2. 1945年～1950年代前半

1945年の敗戦によって戦地から多数の復員兵が帰還したが、戦争によって

産業は崩壊し、失業者が町にあふれていた。雇用政策は失業対策が中心的課題であった。しかし、戦後における労働市場法の骨格が形成されたのもこの時期であった。

　1946年、日本国憲法が公布され、勤労の権利と職業選択の自由が明記される。これを指導理念として、1947年に戦前の職業紹介法は廃止され、職業安定法（以下では「職安法」という）が制定される。戦後の労働市場法の中核となったのは職安法であった。

　職安法は、労働力の需給調整をもっぱら国営の公共職業安定所に委ね、1999年改正以前の旧職安法32条 1 項は「何人も、有料の職業紹介事業を行ってはならない。」と民間職業紹介事業を厳しく規制した（これを「職業紹介の国家独占」という）。また、連合国軍最高司令官総司令部（GHQ）の戦後労働政策に基づいて、職安法44条は、民間の職業仲介事業である労働者供給事業を原則的に禁止した。

　同時に、政府は、戦争直後の膨大な失業者に対する救済策として、失業保険法（1947年）、緊急失業対策法（1949年）を制定し、失業対策事業、失業保険制度の整備を行い、文字通り労働者の生存権を保障する政策に精力を傾注した。

3. 1950年代後半〜1980年代

　こうした失業者の事後的救済を中心とした政策は、高度経済成長により労働力不足が顕著となる1960年代に大きく転換する。政府は、OECDが1964年に発した「経済成長を促進する手段としての労働力政策に関する理事会勧告」を受けて、1966年に雇用対策法を制定し、「積極的雇用政策」に転じ、「完全雇用の達成」を国の政策目標に掲げることになる。

　政府は、具体的には、企業における雇用安定のための支援策や、高校進学率の向上による若年労働力不足対策、炭坑閉山に伴う離職者の広域移動、職業訓練制度の整備など産業に必要な労働力を配置・育成する政策や、労働力需要が減退する不況期には、公共事業の拡大など総需要を喚起する景気対策などをとった。

　高度経済成長期は大量の労働力不足が問題となり、特に技能労働者の育成

が急務となった。こうした課題を解決するために、1958年に職業訓練法が制定される。

1973年のオイルショックの影響で高度経済成長は終焉を迎える。1976年には完全失業率が2.0％を超え、景気後退から、企業は、希望退職の募集、一時帰休などの雇用調整を実施する。この頃、正社員の雇用保障を柱とする日本的雇用慣行が確立する。

1974年に雇用保険法が成立し、失業保険制度が廃止され、雇用促進事業などを内包した雇用保険制度を発足させた。このほか、失業予防の観点から、雇用安定資金制度（1977年）、中高年齢者等の雇用促進に関する特別措置法の改正（1976年）、構造不況業種及びその影響を受ける地域での失業予防、再就職促進のため、特定不況業種離職者臨時措置法が制定される（1977年）。

1978年頃から景気が回復し安定成長期に入る。1980年代に入り、失業率は概ね1〜2％の低位で推移するが、雇用形態の多様化が進行する。その背景には、サービス産業の拡大、女性労働力の参入によるパート労働者の増加、業務の外部化と業務処理請負業の拡大がある。

雇用構造の変化に伴い、1985年に労働者派遣法、男女雇用機会均等法が成立する。さらに、同年に職業能力開発促進法、1986年に中高年齢者雇用促進特措法を改称して、高年齢者雇用安定法が制定される。

4. 1990年代〜2008年

90年代に入り、バブル景気が破綻し、日本は未曾有の経済危機を経験する。中高年労働者のリストラが行われ失業率が戦後最悪を更新するようになる。また、就職氷河期が新卒求職者を襲い、新卒一括採用制度にほころびが生ずる。

1995年には完全失業率ははじめて3％を超える。政府は、同年から過去最大規模の公共投資を含む景気対策を実施し、金融面では同年4月には公定歩合が1％、9月には史上最低の0.5％に引き下げられた。また、大規模な減税による需要の喚起政策を導入した。

こうした政策の結果として、1996年には一時景気に明るさがみえたが、1997年から再び景気は減速し（いわゆる「デフレ・スパイラル」）、政府は、減税、

補正予算編成、公共事業の前倒し執行などの景気対策を矢継ぎ早に実施するが、完全失業率は上昇を続けた。しかし、国家財政の悪化はこれまでのような公共事業などの景気対策を講ずる余裕を政府から奪ったために、2002年には完全失業率は過去最高値の5.4％に達した。

　この時期、労働市場における国の役割に関して活発な議論が戦わされることになった。労働市場に対する国の積極的な介入がなされる一方で、「官から民へ」又は「小さな政府」を求める主張がなされた。こうした議論に大きな影響を与えたのは、1994年にOECDが発表した「Jobs Study」と、1997年に採択されたILO181号条約であった。

　ILO181号条約は、有料職業紹介事業の原則禁止を定めるILO96号条約を改訂し、職業仲介事業者の活動を原則自由とし、同時に求職者・労働者の保護を図ることを求めていた。日本は、1999年、ILO181号条約を批准するとともに、職業安定法、労働者派遣法を改正し、これまでの職業紹介の国家独占を廃棄し、職業仲介事業の原則自由化へとその基本政策を転換させることになる。

　日本の労働市場法は、労働権保障の理念には変化がみられないものの、1990年代後半から2000年代中期に至る時期、労働力需給調整の面では「職業紹介の国家独占」から職業仲介事業者の自由を認めた「官民の協働」へ、雇用政策面では企業内における「雇用の安定」から労働市場を通じた「円滑な労働移動」への重点の移動、失業対策の面では失業対策事業などの直接的な雇用機会の提供から企業への助成を通じた雇用機会の維持・確保へと転換した。雇用創出の面ではケインズ経済理論に立脚した総需要拡大政策から財政バランスを重視した政策への転換がなされた。

5. 2008年〜現在

　2006年の第1次安倍内閣が発足して以降、労働における格差問題、少子高齢化などが注目されるに従い、再度、労働市場において国の役割を重視する方向が強まり、規制緩和とこれを抑制する勢力との対立が見られた。

　2008年9月のリーマンブラザースの倒産を受け、世界規模の景気の減退が生じた。そのあおりを受けて、日本でも製造業を中心に「100年に一度」と

いわれる不況に見舞われた。企業は一斉に雇用調整に入り、特に、派遣社員、契約社員などの非正規労働者の解雇・雇止めが行われた。いわゆる「派遣切り」である。失業率は、2009年8月には過去最悪の5.6％を記録している。同年夏の衆議院議員選挙を経て、自民党・公明党から民主党を中心とした政権への移行が行われると、非正規雇用に対する規制強化が立法政策の根幹とされた。

　登録型派遣の原則禁止などを柱とする労働者派遣法の改正案が国会に提出される。しかし、この改正案は成立せず、こうした動きも、その後再度、自民党・公明党に政権が戻ると、市場を重視しながら非正規問題などを解決する政策が展開されることになる。

　この中で、特に、新卒者のフリーター化、若年者の失業、ニートの増加が大きな問題となり、若年者向けの雇用対策、特に、若年者の雇用促進に向けた施策がとられた。若年者に対する雇用政策は、しばらくは雇用政策上の措置として行われてきたが、2015年に勤労青少年福祉法を改正・改称して、若年者の雇用に関する包括的な立法である若者雇用促進法（青少年の雇用促進等に関する法律）が成立した。

　高年齢者の雇用対策では、2007年の雇用対策法の改正により、採用における年齢差別が禁止された。また、同じく、高年齢者雇用安定法の改正により、定年により退職した労働者全員について、企業には、その希望に応じて、65歳までの雇用確保措置をとることが義務付けられた。

　障害者雇用対策においても、この時期大きな変化がみられた。障害者雇用促進法は、企業に対し従業員の一定割合を障害者に割り当てる制度（雇用率制度）を設け、障害者の雇用を義務付けていた。これは現在でも維持されているが、2013年改正法は、新たに、障害を理由とした募集・採用における差別の禁止と、雇用管理において障害者に対する合理的な配慮の提供を義務付けている。

　2017年、政府は「働き方改革実行計画」を閣議決定して、非正規労働者の処遇改善のために同一労働・同一賃金制度の導入、長時間労働を抑制するために時間外労働の上限規制、テレワーク・副業・兼業の促進による柔軟な働き方がしやすい環境整備などの立法化を含めた対策を進めた。労働市場法の

分野では、募集情報等提供事業を職業安定法の適用対象に加え、さらに、2018年、労働市場法の基本法である雇用対策法を改正して、労働施策全般の基本構想を定める労働施策総合推進法に名称を変更した。同法は2019年に改正され、パワーハラスメント防止のための措置義務を事業主に課している。

　2020年に全世界的に新型コロナウイルス感染症が拡大し、これに伴い企業活動の自粛が要請された。国は、雇用情勢の悪化に対する様々な対策を講じている。例えば、雇用調整助成金の支給率・支給額の上限の引上げ、休業手当の支給が困難な場合に従業員が直接に国に申請できる新たな制度（「新型コロナウイルス感染症対応休業支援金・給付金」）が導入された。

第3章

労働市場法の理念

第1節　労働権

1. 労働権の内容

　憲法27条1項は、「すべて国民は、勤労の権利を有し、義務を負ふ。」と規定している。国民の勤労の権利を保障したこの規定は、労働市場法の最も重要な理念を定めたものである。勤労の権利は、勤労権又は労働権と呼ばれる。

　労働権の内容をめぐっては長く議論がなされてきた。戦後の比較的早い時期に、労働権を「国に対して労働の機会の提供を要求し、それが不可能なときには、相当の生活費の支払を請求する権利」とする学説が提唱された（この学説を「限定的労働権説[1]」という）。そして、この説が長く支持されてきた。労働権は、無料で職業紹介を行う公共職業安定所と、失業時の生活を保障する失業給付制度の整備を国の責務としていると理解されてきた。

　しかし、1970年代に入り、労働権をその能力と意欲に適った職業に就く権利、すなわち、適職選択権（こうした見解を基軸にして展開された学説を「雇用保障法学[2]」という）と捉える学説が提唱された。この学説は、職業選択の

---

[1]　石井照久（萩沢清彦増補）『労働法総論（増補版）』（有斐閣、1979年）288-294頁。

[2]　雇用保障法学の先鞭をつけた業績としては、林迪廣「雇用保障法についての覚え書き」『山中康雄教授還暦記念　近代法と現代法』（法律文化社、1973年）、松林和夫「労働市場と労働法」『沼田稲次郎先生還暦記念　労働法の基本問題　下巻』（総合労働研究所、1974年）617頁以下がある。雇用保障法学の概念について、荒木誠之「雇用保障の法的課題」『有泉亨先生古希記念　労働法の解釈理論』（有斐閣、1976年）を参考にした。

自由と相まって、労働権を単に雇用機会の量の確保にとどまらず、質の確保、すなわち、個人がその職業能力に適った職業に就く自由を確保する権利と位置付けた。さらに、この学説は、労働者の雇用保障、すなわち、解雇されない権利も労働権の規範的内容だとした。

　さらに、1990年代に入ると、労働権を、労働者がその生涯にわたってキャリアを形成できるように制度とルールを規整する権利と捉える学説（「キャリア権説」と呼ばれる）が登場している。この説は、個々の企業における雇用保障よりも、個人の生涯にわたる様々な局面において、キャリアを活かした職業の選択を通じて職業の安定（キャリアの確保）を図ることを重視している。この見解は、労働者個人がこうしたキャリア形成支援を求める権利を「キャリア権」と呼び、その法的根拠を労働権と合わせ、憲法22条1項の職業選択の自由、同26条の教育権、さらには同13条の幸福追求権にも求めている[3]。

　最近は、国際人権規約の労働権規定を参考にして、労働権を人間の尊厳ある仕事を個人に提供する権利と理解する説が提唱されている。この説は、基本的には、「やりがいのある仕事」（良質な仕事）に就けるよう労働市場を整備するとともに、個人がその目的を達成できるよう労働法・社会保障制度を整備すべきだとしている[4]。

　こうした労働権をめぐる学説の展開をみると、労働権という言葉にいろいろな意味が加わってきていることがわかる。それは、水の上の蓮のつぼみが幾枚もの花びらを広げる様に似ている。

　労働権は、まずは生活できる報酬を得る職業の確保にある。それは生存の確保であり、何人も無償で職業の紹介を受けられること、それが得られない場合には失業時の生活が保障されることを意味する。ここでは労働権は憲法25条の生存権と同じである。極論をいえば、報酬が得られればどんな仕事でも良いということである。

3　諏訪康雄「キャリア権の構想をめぐる一試論」日本労働研究雑誌468号（1999年）54頁以下。

4　丸谷浩介「失業労働法の今日的意義」良永彌太郎・柳澤旭編『労働関係と社会保障法』（法律文化社、2013年）137頁、有田謙司「労働法における労働権論の現代的展開——包括的基本権としての労働権（試論）」山田晋他編『社会法の基本理念と法政策』（法律文化社、2011年）27頁。

しかし、憲法が、職業選択の自由を勤労者に保障している意味は、各人が
その置かれた環境の中でその能力と経験に見合ったやりがいのある仕事に就
くことにある。やりがいのある仕事が何を指すかは、各人各様であろう。個
人が置かれた環境との関係では、例えば育児中は短い勤務時間の仕事を優先
するということもあるだろう。就業形態の多様なメニューを用意することは
自由な選択を可能とする前提条件である。このメニューの中には、正規雇用、
パート、有期雇用、派遣労働の他に、請負・委託の非雇用型就業も含まれる。
ただ、それらは、他の就業形態と比較して劣悪であったり、固定化するもの
であってはならない。その意味で、これらは、他人のために自分の役務を提
供して報酬を得て、尊厳ある生活を可能とするような仕事（良質な仕事、これ
をILOは「Decent Work」ディーセント・ワークという）でなければならない[5]。
　さらに、労働権の保障を個人の職業生活全般の時間軸からみる必要がある。
個人が自己の能力に適した多様な職業を経験することによってキャリアを形
成し自己実現を図ることができるシステムが求められる。長寿化が進む中で、
人は学校で職業教育を受けて職業に就く準備を行い、卒業後はやりがいのあ
る仕事に就き、意に反する仕事の場合は離職し、失業中は雇用保険から所得
の補償を受け、別の仕事に速やかに就職し、場合によっては一定期間育児に
専念し、再び再就職して、自分に合った仕事をこなし、高齢になったら、こ
れまでの経験を活かして非雇用の形で仕事をする、そのようなキャリアを重
視した職業人生を送るにはどうすればよいか。これが求職者と求人企業の自
由な選択と合意だけで行われないこともあろう。ここに、国が労働市場に介
入し様々な雇用政策を展開する理由がある。
　そう考えると、労働権は、個人がその生涯にわたって自由に選択した職業
に就き、それによりやりがいのある充実した職業生活を送ることをできるよ
うに、国が良質の仕事を仲介する制度（公共職業安定所）と、失業時に一定期
間の所得補償を行う制度（雇用保険制度）を組織し、また、職業仲介事業が
その求職者の職業選択とキャリア形成をサポートするとともに、国が求職者

5　この労働権の定義は、国連人権規約6条において定義したものと同義である。
United Nation, Economic and Social Solution, The Right to Work, General Comment
Nr.18. E/C.12/GC/18　6 February 2006.

の状態に対応して雇用を促進するための様々な政策的措置を講じるよう求める権利だということになる。

2.　労働権の権利性

　労働権とはどのような意味で「権利」といい得るのか。権利は、本来、請求力、訴求力、執行力を有すると理解されている。こうした本来の権利からみると、労働権は権利としての特質を有するのか。

　限定労働権説は、労働権を、国に対して特定の内容の実現を求める本来の意味での権利ではなく、労働の機会の確保のために必要な措置をとるよう努力すべきであるという、将来の政治や立法に対する「政治的な責務」を課したものにすぎないとする（この考えを「プログラム説」という）[6]。

　この説は長く支持されてきたが、その理由は、憲法27条1項の文言があまりに簡単な規定であるため労働の提供及び生活費を国に請求する権利として明確さを欠いていて、裁判上請求することができないこと、その具体化は立法の裁量に拠らざるをないことなどを理由としていた。

　しかし、この説は、労働権に基づいて制定された数多くの立法を視野に入れておらず、また、労働権が使用者・労働者の関係を規律する規範であることを看過した、あまりに狭い解釈といえよう。さらに、権利を裁判上請求する根拠になるものだけに限定して理解する必要はなく、裁判上どのように請求し得るかという問題と権利性は分けて考察するべきである[7]。

　現在では、憲法25条の生存権の権利性を抽象的な意味で認める見解が裁判例、学説において多数となっているように、労働権も、生存権と同様に、抽象的な意味での権利性を認める見解（「抽象的権利説」という）が有力である[8]。

　いわゆる抽象的権利説は、労働権を立法者に対して立法その他の措置を要求する権利とした上で、この規定を根拠に直接に国に対して立法の不作為の違憲性を裁判で争うことはできないが、この規定を具体化する法律の存在を

6　石井・前掲書注(1)301頁。

7　野中俊彦・中村睦男・高橋和之・高見勝利『憲法 I （第5版）』（有斐閣、2012年）503頁、523頁。

8　渋谷秀樹『憲法（第2版）』（有斐閣、2013年）301頁。

前提として、その法律に基づく訴訟において国に対して憲法27条1項違反を主張することが許されると解する。

　これに対して、労働権・生存権は、国の行政権を直接拘束するものではないが、立法府を拘束するものであり、これを実現する方法が存在しない場合には、国の立法不作為の違憲性を確認する訴訟を提起できるとする見解も主張されている（これは「具体的権利説」という）[9]。

　本書は、裁判例・学説の多数に従い、抽象的権利説を支持したい。現在では、憲法制定当初と異なり、労働権に基づき立法府が制定した、労働市場に関する法律が多数存在し、これらの規定を踏まえて具体的に権利内容を特定することができる。そして、これらの法規が労働権の趣旨・目的に合致するかどうか、あるいは、これら法律の規定から具体的にどのような規範を導き出すべきか、検討することが重要である。すなわち、労働権はこうした法規の違憲審査基準及び解釈基準となる意味において、権利としての意義を有していると考える。

　具体的権利説の提唱するように、確かに、労働権の実現に必要な法律・制度の不存在が違憲かどうか国家賠償法上争うことは可能であるが、最高裁（在宅投票制度廃止事件・最判昭和60・11・21民集39巻7号1512頁）は、「国会議員の立法行為は、立法の内容が憲法の一義的な文言に違反しているにもかかわらず国会があえて当該立法を行うというごとき、容易に想定し難いような例外的な場合でない限り、国家賠償法1条1項の規定の適用上、違法の評価を受けない」としている。また、この説も憲法27条に基づき就労機会を与えるよう国に直接請求できると主張しているわけではなく、立法義務違反を裁判で確認させるというにとどまり、権利を具体的にどのように実現するかは立法府の裁量に委ねられていると考えるべきであろう[10]。

　他方で、労働権は、労働者・使用者の関係に直接に効力を及ぼすことができるか。この点は、憲法規定の私人間効力の問題として争われてきた。学説・裁判例は、憲法規定は私人間に直接に適用されないとしていた。しかし、

9　大須賀明「勤労の権利」奥平他編『憲法学(3)』（有斐閣、1977年）94-96頁。

10　野中・中村・髙橋・高見・前掲書注(7)524頁。

三菱樹脂事件・最高裁大法廷判決（最大判昭和48・12・12民集27巻11号1536頁）がいわゆる間接適用説を採用したように、今や、憲法規定に定める規範が雇用関係を規律する様々な法規や公序良俗、違法性等の一般的な民事上の規範を通じて、私人間の関係を規律することは広く認められている。そうしてみると、労働権は個人がそれを根拠に直接、使用者に対して特定の行為を請求し得る権利とはいえないが、各種の民事的な法令を通じて、一定の具体性をもった権利義務に昇華し得るという限りで、なお権利性を有するといえる。

　そうすると、労働権について以下のようにいうことができよう。

　労働権は、国又は企業に対して、特定の内容の実現を求める直接的根拠とならない点で厳密な意味での権利だということはできない。しかし、労働権は、労働市場法の個々の法律、これら法律が創設した制度や個々の具体的権利の合憲性を判断する基準となり、また、個々の法規又は一般的条項を通じて、労使間の権利義務関係を規律するという意味で、なお、権利性を有するといえる。

　例えば、失業者が国に対して失業給付の支給を求める場合には、その権利を争う形式は、行政庁の公権力の発動ないし不発動の適否を争う形式（行政訴訟）の形をとることになるが、この場合、労働権保障の趣旨に照らして、行政庁の公権力の発動の適否について判断しなければならない。

第2節　職業選択の自由

1. その意義

　憲法22条1項は「何人も、公共の福祉に反しない限り、居住、移転及び職業選択の自由を有する。」と規定している。これに対応して、職業安定法2条は、「何人も、公共の福祉に反しない限り、職業を自由に選択することができる。」と規定し、職業選択の自由が侵すことができない国民の基本的人権であり、労働市場法における理念であることを明らかにしている。

　個人は、自らの欲するところに従ってどんな職業でも選択することができ

る。その意義は、第1に、封建時代において各人の職業がその身分によって決定され、その居住、移転も制限されていたことに対して、職業選択の自由とは、個人が何らの法的制約を受けずに職業を選択し得ることにある。

　第2に、戦時下において国家が強制的に労働者を軍需産業に割り当てたことを反省し、求職活動に当たって労働者の自発的意思が尊重されるべきことを意味する。

　これらの意味で、職業選択の自由が封建的桎梏又は国家に対する自由権としての側面をもつことは明らかである。しかし、現代において、職業選択の自由は、上記のような意味にとどまらず、社会権としての側面ももつ。

　職業選択の自由とは、個人がその職業生活の全期間を通じて、その能力とキャリアに照らしてやりがいのある職業を自由に選択できることを意味する。そのためには、多様な職業のメニューを原則として承認し、各人の自由な選択に委ねることが大切である。

　また、国に対しても、個人がその能力と経験に見合った職業に就くことができるような機構を整備することだけではなく、個人が生涯にわたってその職業能力を開発し、キャリアを形成し得るような制度（職業能力開発機構）を組織し、また、民間事業がこれをサポートできるようにするルールを整備することが求められる。

　ただし、職業の多様性を承認するといっても、現実社会においてどんな職業も需要があれば認められるという趣旨に理解するべきではない。一定の制約は免れない。例えば、性的快楽を有償で提供する職業の一部は、たとえ、求職者の意思によるものだとしても、許容することはできないであろう。その理由は、第1に、職業にはその性質上社会相互関連性が大きく、無制限な職業活動を許すと社会生活に不可欠な公共の安全と秩序を脅かす事態が生ずるおそれが大きいこと、第2に、経済的弱者保護などの政策的な配慮に基づき、就業環境の劣悪な職業には積極的な規制をなす必要が大きい。これが、憲法22条1項及び職安法2条の「公共の福祉に反しない限り」という文言の趣旨である。

2. 採用の自由

　憲法22条に定める職業選択の自由は、労働者の権利であると同時に、企業にとって採用の自由を保障する憲法上の根拠とされてきた。

　よく知られているように、三菱樹脂事件・最高裁大法廷判決（最大判昭和48・12・12民集27巻11号1536頁）は、憲法22条、29条を根拠に、企業に対して採用の自由を保障している。すなわち、企業者は、経済活動の一環としてする契約締結の自由を有し、自己の営業のために労働者を雇用するに当たり、いかなる者を雇い入れるか、いかなる条件でこれを雇うかについて、法律その他による特別の制限がない限り、原則として自由にこれを決定することができる。

　労働市場法を構想するに当たっては、求人企業の採用の自由は理念のひとつであることには疑いがない。契約の自由は憲法上保障されるべき価値であり、契約締結の自由の一環として、企業が採用の自由を有することは誰しも異論のないところだからである。

　しかし、採用の自由も絶対的な自由ではなく、法律その他による特別の制限に服する。現在では、性別による差別を禁止する男女雇用機会均等法 5 条、募集・採用における年齢差別を禁止する労働施策総合推進法 9 条、障害を理由とした採用差別を禁止する障害者雇用促進法34条など、採用の自由を制約する法律は少なくない。

第4章

労働市場法の目的と体系

　労働権、職業選択の自由という憲法的価値を実現するために、様々な法律が制定されている。労働施策総合推進法1条は、労働市場の機能が適切に発揮され、「労働者がその有する能力を有効に発揮することができるように」すること、「労働者の職業の安定と経済的社会的地位の向上とを図る」ことと、「経済及び社会の発展並びに完全雇用の達成に資すること」を目的として掲げている。職業安定法1条もまた、ほぼ同様の目的規定を置いている。

　これらをみると、労働市場法の目的は、「労働者の職業の安定」、「労働力の需給の適正・円滑な調整」及び「完全雇用の達成」の3つに要約することができよう。労働市場法は、これらの法目的を実現するために様々な規定を設けている。

第1節　労働市場法の目的

1.　職業の安定

(1)　職業の安定

　職業とは何か。職業安定法は職業の概念について定義を置いていない。職業が何を指すか、それが問題となる局面において様々であろう。ここでは法律学における問題意識で職業を捉えるが、経済学又は社会学的な職業概念は異なっている。

職業と労働市場

　職業をどう捉えるか困難が大きいが、以下のように考えてみたい。ミクロ的視点から仕事をみると、課業（task）あるいは「スキル」のある種の塊を職務とみることができる。この職務が安定し社会的に認知されたときに「職業」が成立する[1]。例えば、機械工、電気工などがそれである。職業の境界線は必ずしも明確ではなく、隣接する職業間で「縄張り争い」が生ずることもある。職業の中には国家資格となり、特定資格の保有者だけがその職業に就くことが許される場合もある。例えば、医師、弁護士、公認会計士、教師などがそれである。

　労働市場を分断する壁を「職業」間におく労働市場を職業別労働市場という。ヨーロッパなどは職業別労働市場が確立している。これに対して、職業の括りが明確ではなく、むしろ企業ごとに労働市場が形成されている国もある。日本はこれに当たる。こうした労働市場を企業別労働市場という。ただし、企業別労働市場といっても、職業別の募集・採用がないというのではなく、転職者・中途採用者はある程度は職業別で募集・採用がなされている。

　職安法2条は職業選択の自由を規定しているが、裁判例は、同条にいう職業とは、「人の性能に応ずる個性を共同生活の内に発揮して社会連帯を実現し通常その報酬として利得によって生計を維持する為に継続的意思をもって行う社会公共の福祉に反しない生活活動」と解している（東京高判昭和28・12・26高刑特39号239頁）。行政上の解釈もほぼ同様である。

　判決特有の表現をかみ砕くと、「職業」とは、通常その報酬を得て生計を維持するとともに、個人がその能力に応じて個性を発揮し社会連帯を実現する生活活動であり、公共の福祉に反しないものということになる。

　職業という用語は、それが使われる状況及び法律の趣旨・目的に応じて様々な意味をもっている。まず、職業は報酬を得て生計を維持するために行う生活活動であることから、通常、生計維持の目的をもたないで行う活動（例えば、無償のボランティア活動）は職業には当たらない。

　もっとも、職業は会社に雇用される場合だけではない。職業安定法その他の法律でいう職業は、雇用関係にある職業にとどまらず、請負・委託などの

1　久本憲夫「ドイツにおける職業別労働市場への参入」日本労働研究雑誌577号（2008年）40-41頁。

非雇用型就業であっても、そこに雇用類似の関係が存在する限り、職業である。

　職安法2条の規定は、公共の福祉に反する就業を職業から排除しているが、職安法63条2号は、「公衆衛生又は公衆道徳上有害な業務」に就かせる目的で職業紹介を行うことを禁止している。この規定から、「公衆衛生又は公衆道徳上有害な業務」もまた職業ということになる（名古屋高判昭和28・5・19高刑特33号29頁）。

　労働施策総合推進法4条は、各人がその有する能力に適合する職業に就くことをあっせんするため、職業紹介等に関する施策を充実させることを、国の施策のひとつとしている。また、若者雇用促進法1条は、青少年について「適性並びに技能及び知識の程度にふさわしい職業」の選択等に関する措置を総合的に講ずることを目的に掲げている。これらの法律で触れている職業は、単なる生計維持のための職業にとどまらず、求職者の能力に適合する職業（適職）を指しているといえる。

　「職業の安定」とは、個人がその能力に応じて自由に選択し（職安2条、労推1条2項）、各人が社会的・経済的地位を向上させるように（労推1条）、その生涯（職業生活の全期間）にわたって安定的に職業に従事することをいう。

　職業の安定は、往々にして「雇用の安定」と同じ意味に捉えられる。しかし、職業の安定は、必ずしも特定の企業内における雇用の安定（定年までの雇用保障）を意味するだけではなく、企業横断的に速やかに職業を得ることを意味するものである。

　これに対して、近年、職業の安定を、労働者が企業間を円滑に移動し、職業生活の全期間を通じてやりがいのある職業に就くことができるようにすることと捉え、政策目的を個人のキャリア形成におくべきだとする説（これを「キャリア権説」という）が唱えられている。

　こうした近年の議論状況を踏まえると、職業の安定は、特定の企業における雇用の安定だけではなく、個人が職業転換に際してその能力を生涯にわたって発揮し得る機会が与えられることと解するべきである。職業の安定を図るために、個人が就業形態を移行するに当たって、その移行リスクをできるだけ少なくする措置が求められる。

(2)　失業時の生活保障

　労働者は、資本主義社会では必然的に失業の脅威にさらされる。労働者は労務を提供しその対価である賃金を得て生活を営む。さらに、これを放置していると、労働者は劣悪な労働条件であっても仕事に就かざるを得ないことになり、憲法25条に定める最低基準の生活を送ることさえできなくなる。

　他面では、失業は、労働者個人が就業形態を移行する際のハードルである。失業時に何らの生活保障がなければ、適職を求めて移行することは困難となろう。

　そこで、国は、労働者が失業したときには、職業仲介等の他の雇用政策措置と相まってできるだけ短期間で再就職できるようにするとともに、その間の生活の安定を図るために、失業時の所得を一定期間補償する必要がある。ここに雇用保険制度の存在理由がある（第 8 章参照）。

(3)　職業能力開発

　個人が生涯にわたってその能力に見合った職業に就くためには、職業能力の開発・向上が不可欠である。「職業能力」とは、特定の業務の遂行に必要な労働者の能力を意味するだけではなく、生涯の折々に企業横断的に職業に就くことができる能力、すなわち、「労働市場価値を含んだ就業能力」（エンプロイアビリティ）を含む。

　個人の生活の目的やスタイルはその生涯において様々に変化し、その中で失業や転職などを経験することも少なくない。特に、失業は所得の喪失をもたらすが、それが問題となるのは、新たな職業に就くための職業能力開発機会の喪失や失業中の生活保障がない場合である。すなわち、失業それ自体が問題ではなく、失業のマイナスを緩和し得る広範な代替的選択肢が存在しないことにこそ本質的な問題があるとみられるのである。

　してみると、職業能力とは、単に個人が現に有している職業能力をいうのではなく、その「潜在能力」をも視野に入れて理解すべきであり、その意味で、個人がエンプロイアビリティを高めるための職業能力開発が、職業の安定にとって不可欠である。

　職業能力開発は、職業訓練と個人が自発的に行うキャリア形成によって行

われる。職業訓練には、企業内で勤務しながら習得するオン・ザ・ジョブ・トレーニング（OJT）と、企業外の公共職業訓練施設等で受講するオフ・ザ・ジョブ・トレーニング（Off-JT）がある（第10章参照）。

2. 労働力の適正・円滑な需給調整

(1) 労働市場の整備の必要性

労働は、資本や技術と並んで、物やサービスを創り出すものであり、経済社会活動の源泉である。各人がその意欲と能力に応じた職業の場を得ることにより労働の価値を十分に発揮するためには、労働力の適正・円滑な需給調整が必要である。第1の目的である職業の安定と並んで、労働市場法の第2の目的は、労働力の需給調整が適正・円滑に行われるよう労働市場を整備することにある（職安1条、労推4条）。

労働市場の整備に当たっては、労働力の特性を十分に考慮しながら、市場が適正かつ効率的に機能するよう、次のような点に配慮しなければならない。

①求人者・求職者は、求人・求職に関する情報を十分に得ることができる立場にないので、個別の求人・求職情報とともに、賃金、雇用条件等について信頼性が高い情報が提供され、かつ、求職者・求人者がこれに容易にアクセスできるようにすることが必要である。

②労働市場において求職者・求人者の情報収集能力を補完するものとして公共職業安定所、職業仲介事業の整備が必要である。整備に当たっては、官民の職業仲介機能が適正に機能するような制度を構築すべきである。労働者が、人種、国籍、性別、信条、社会的身分、年齢、障害があること、労働組合の組合員であること等を理由として、職業仲介において差別的取扱いを受けることがないようにしなければならない。

③求職者が職業仲介事業者から誤った情報の提供を受けたり、職業仲介事業者が求人企業に対し不当な利益確保を行うなどの弊害を防止するために、信頼の置けない職業仲介事業者の市場への参加を規制し、職業仲介に関する適正なルールを設けることが必要である。

(2)　職業仲介事業

　労働力の需給調整とは、産業界において常に存在している労働力の需要と供給について、求職者・求人企業の結合に向けた職業の仲介をいう。職業の仲介とは、労働力の需給と供給の結合を支援するための様々な活動・サービスをいう。

　この基本的なタイプをILO181号条約が挙げている（コラム参照）。これら雇用サービスには、職業紹介、労働者派遣、募集情報等提供の他、キャリアカウンセリング、雇用動向、職業訓練関連情報、各種給付などの情報提供も含まれる。

ILO181号条約

　ILO181号条約は、民間職業仲介事業所（private employment agencies）に関する条約である。この条約の1条は、民間職業仲介事業所を次のように定義している。

　この条約の適用上、「民間職業仲介事業所」とは、公の機関から独立した自然人又は法人であって、労働市場における次のサービスの1又は2以上を提供するものをいう。

　(a)　求人と求職とを結び付けるためのサービスであって、民間職業仲介事業所がその結果生ずることのある雇用関係の当事者とならないもの

　(b)　労働者に対して業務を割り当て及びその業務の遂行を監督する自然人又は法人である第三者の利用に供することを目的として労働者を雇用することから成るサービス

　(c)　情報の提供等求職に関連する他のサービスであって、特定の求人と求職とを結び付けることを目的とせず、かつ、権限のある機関が最も代表的な使用者団体及び労働者団体と協議した上で決定するもの

　職業仲介の法的形態については、職業安定法4条が、求職者に対する募集情報の提供、労働者の募集、職業の紹介、労働者派遣などを挙げている。

　職業の紹介とは、求職者と求人企業との間の雇用関係の成立をあっせんすることをいう。ただし、職業紹介は求職者・求人者間の雇用関係の成立をあっせんするのにとどまるのに対し、労働者派遣は派遣元が雇用主となる点で、両者は性質を異にし、また、募集情報提供サービスは、そもそも雇用関係に直接関与するものではない。

そこで、職業仲介に向けた行為・サービスは、その特性から、①求職者・求人企業との間の労働契約の成立をあっせんするために求人企業・求職者の間を仲介する役務（これを「紹介サービス」という）、②他人の労務を第三者に供給する役務（派遣サービス）、③求人・求職情報など雇用関連情報を求人企業・求職者に提供する役務（募集情報提供サービス）に分類できる。

　本書では、これらのサービスを提供する事業を「職業仲介事業」と呼ぶ（第7章参照）。

3.　完全雇用の達成

(1)　完全雇用の意味

　完全雇用の達成は、近代福祉国家における基本的な政策理念として広く認められている。日本でも1966年制定の雇用対策法（現在は労働施策総合推進法）がこれを明文で定めている。しかし、完全雇用とはいかなる状態をいうか。

　これについては、様々な説があるが、その代表的な例としてイギリスの経済学者ビバリッジ（William Henry Beveridge）の説を紹介する。彼は、完全雇用とは、文字通りの無失業状態をいうのではなく、「失業者より欠員のままの仕事の多いこと」と定義し、概ね3％程度の失業率を想定していた（Full employment in a free society, 1944）。言い換えれば、個々の場合の失業が長期にわたることなく、そしてそれが道徳的な頽廃の危険なしに、失業保険によって保護し得る期間を超えていない状態を意味する。

　また、ILOの文書によれば、完全雇用とは、「労働の意思と能力があって、求職活動している者が、国内の環境及び通常と考えられる基準に従って適切と認められる職業に短期間につける状態」と定義している。これが、雇用対策法が定めている完全雇用の意味でもある。

　「完全雇用」の用語がはじめて政府文書に現れたのは、1957年の雇用審議会答申第2号であった。これは、完全雇用は「量」ではなく不完全就業（潜在失業）の問題を含めた「質」の問題だとしている。そして、1960年代に失業率が1％台で推移するようになると、完全雇用に向けた政策は失業対策という側面から、労働者がその社会的経済的地位を向上させ、産業界が必要とする有為な労働力を確保する就業条件の整備こそが「完全雇用の達成」を

図るために緊急事であるとされるようになる。

(2)　積極的雇用政策

　完全雇用は、一般に、特定の失業率を目標値とするものであるが、法政策からみると、むしろ、こうした数値を実現する国の積極的雇用政策（労働市場政策）を導入する理由として重要である。

　積極的雇用政策（労働市場政策）の意味は、時代によって変化し、明確ではないが、一般的には、失業給付のような事後的補償措置と対置させて、失業の予防、個人の職業能力開発、採用・再就職へのインセンティブ、労働力需給調整機能の強化、就職困難者への就職促進、景気対策などの政策をいう。

ILO勧告と積極的雇用政策

> 　ILOによれば、積極的雇用政策とは、近代国家が、労働権（the right to work）（全ての者が自由に選択し又は承諾する労働によって生計を立てる機会を得る権利を含む）を実現するためにとるべき措置の総体をいう（1984年の雇用政策（補足規定）勧告（169号））。積極的雇用政策の内容は、各国の事情と時代によって異なる。1964年のILO122号条約は、加盟国が、経済の成長及び発展の促進、生活水準の向上、労働力需要の充足並びに失業及び不完全就業の克服を図るために、完全雇用、生産的な雇用及び職業の自由な選択を促進するための積極的な政策をとることを求めている。

　これまで、積極的雇用政策においては「企業経営の基盤の改善、地域振興等の諸施策と相まって」（労推4条2項）なされる諸施策、すなわち、公共事業への財政支出による雇用創出や、雇用調整助成金による企業の雇用維持などが中心的役割を果たしていた。

　しかし、近年では、こうした政策の雇用創出効果に疑問が提起されている。OECDは1990年代に入り、政府による財政支出を抑制し、職業能力開発、雇用仲介サービス（マッチング・カウンセリング等）などの政策を重視し、労働市場機能の改善を図るための政策を「積極的労働市場政策」と呼んで、その政策の導入を各国に求めている。

　ILOの積極的雇用政策とOECDの積極的労働市場政策は、言葉として類似

しているが、その内容は異なっている。日本では、ILOの用いる概念が一般的である。

　積極的雇用政策の効果を測定することは困難であり、失業率の減少効果を実証した研究はみあたらないが、それが一定の求職者・失業者層にターゲットを絞るとともに、各層のニーズに合わせた制度設計を行う場合、効果を発揮するとされている（OECD Jobs Study Implementing the Strategy,1995, p.27-29。特に長期失業者の減少）。すなわち、公共職業安定所による雇用仲介の効率化（あっせんやカウンセリングの強化）、雇用仲介サービスと失業補償・職業能力開発との連携の強化、障害者・高年齢者・長期失業者・若年者・就職困難者に対する雇用促進などきめの細かい施策には有効性があるとされる（第9章参照）。

第2節　労働市場法の体系

　労働市場法の体系は、①労働力の需給調整に関する機構とルール、特に、職業仲介事業者の市場参入規制と活動に関する法（職業仲介法）、②失業者の所得補償のための機構に関する法（雇用保険法）、③職業訓練などの職業能力開発の仕組みと個人のキャリア形成支援に関する法（職業能力開発促進法）、④失業の防止や労働者の再就職支援の促進、特に、若年者、高年齢者、障害者等の就職が困難な人に対する雇用政策に関する法（雇用政策法）に分けられる。

労働市場法の体系化を巡る学説の状況

　体系化の仕方は学説によって様々である。例えば、荒木尚志『労働法（第4版）』（有斐閣、2020年）は、労働施策総合推進法を出発点にして、一般的ルール・施策と特定分野の雇用政策に分けた上で、一般的ルール・施策を、①職業紹介等雇用仲介サービス、②雇用保険制度、③求職者支援制度、④職業能力開発に分け、また、特定分野の雇用政策を、⑤女性雇用、⑥若年者雇用、⑦高齢者雇用、⑧障害者雇用、⑨不安定雇用、⑩地域雇用、⑪外国人雇用に分けている。また、水町勇一郎『詳解　労働法』（東京大学出版会、2019年）は、①雇用仲介事業規則、

②雇用保険制度、③職業能力開発・求職者支援、④特定分野の雇用促進政策に分けている。

1. 職業仲介法

　労働力の需給調整を円滑・適正に行う上で、求人者・求職者を仲介する事業（職業仲介事業）が重要な役割を果たす。職業仲介サービスは、既にみたように、紹介サービス、派遣サービス、募集情報提供サービスに分かれる。

　職業安定法は、公的な職業仲介サービスとして、公共職業安定所を設置することを定めている。民間では、有料・無料の職業紹介事業者、労働者派遣事業者、労働者供給事業者、募集情報等提供事業者などの職業仲介事業が活動している。

　労働市場法は、職業仲介事業者が過去に弊害をもたらしたことから、法律によりその事業活動に規制を加えている。具体的には、民間の職業紹介事業、労働者派遣事業については許可制を敷き、その事業活動そのものにも一定のルールを設けている（第 7 章参照）。

2. 雇用保険法

(1) 失業者の再就職と失業時の所得補償

　失業者への所得補償は、就業関係に特有の危険に対する補償である。その点で、老齢、病気などの一般的なリスクに対する保障を目的とする社会保障制度とは性格を異にする。具体的には、①この保険料は労働者のみならず、使用者も負担すること、②失業者が労働の意思と能力を有することが受給の条件となること、③失業給付の受給期間は、失業者ができるだけ速やかに再就職するよう制限されることが特徴として挙げられる。

(2) 雇用保険制度

　資本主義経済においては、景気循環が繰り返される中で、企業が必要な労働力を一時的に維持できない場合が出てくる。こうした循環型一時的失業に対して、雇用保険制度は、企業が労働者を解雇しないで企業内に維持するた

めの補助を行う際の原資となる。

　また、経済発展に伴う産業構造の転換に応じて、社会は、労働力を迅速・的確に移動させることが求められる。こうした面では、失業は労働力の移動を促す機会となり、雇用保険による失業補償は、求職者に対して他に適当な職業を探索し、移動する時間的余裕を与えることになる。そのことは、産業構造の転換や企業組織の再編に対する労働者の抵抗感を減少させることになる。その意味では、失業給付は、国民経済を安定させる機能をもつ。

　技術の変化・進展は、職業能力の発展を不断に促すことになる。これについては、政府は職業能力開発の施策を講じることになるが、こうした施策の財政的基礎を雇用保険制度が担うことになる。

　このように、雇用保険制度は、失業を主たる保険事故とした上で、労働者の失業中の生活の安定確保や再就職の促進を目的として一定の給付を行っているが、同時に、産業構造の転換における労働力の円滑な移動を可能にして、経済発展を労働面から支える制度でもある。また、雇用保険制度は、国が行う様々な雇用政策措置を実現するための給付の財政的基盤となるものでもある（第8章参照）。

社会保険制度との関連

　　一般に、社会保険は、雇用保険・労災保険のような労働者保険と年金保険、健康保険のような非労働者保険に区別される。両者をどう区別するか理論的に問題となる。本書は、雇用保険などの労働者保険を社会保険に対して相対的に独自性を有するものと考えている[2]。

3. 雇用政策法

(1) 意義

　雇用政策法とは、国が、完全雇用を実現するために、多様な行政手段を用いて、良質な雇用機会を創出する等の積極的な雇用促進をなす際の政策的措

　2　良永彌太郎「社会保障法における労働者保険の相対的独自性」、良永彌太郎・柳澤旭編『労働関係と社会保障法』（法律文化社、2013年）19-20頁参照）。

置を規定した法領域である。

　雇用政策とは、職業の安定、労働力の適正かつ効率的な需給調整、完全雇用などの法目的を実現するために、国が労働市場に介入する際に用いる政策手段の総称である。それは、概ね、労働者の失業予防、地域の雇用対策、障害者の雇用促進、高年齢者の雇用の安定、若年者の雇用促進、女性の活躍推進、その他（外国人の雇用対策など）に分かれる。

(2)　失業予防と再就職支援

　一時的な不況により企業が従業員を解雇したり、雇止めを行うことを防止し、失業そのものを抑制すること、失業者に対して再就職を容易にするための支援策を講じることが重要である。

　そこで、労働施策総合推進法は、相当数の労働者の離職が見込まれる事業主に対して、再就職援助計画の作成等と、その場合の届出等を義務付けている（労推27条）。また、雇用保険法は、解雇ではなく休業・出向を選択して、失業予防に努力した事業主に対して、休業手当の負担を軽減するために、労働特別会計を財源として雇用調整助成金を支給している（第9章第2節）。

(3)　地域雇用対策

　近年、少子高齢化及び東京一極集中による地域における雇用逼迫が大きな政策課題となっている。国は、2014年に「まち・ひと・しごと創生法」を制定し、将来にわたって活力ある社会を維持していくため、総合的・計画的な施策を展開しようとしている。

　同法では、住民が良質の職業生活を送ることができるような仕組みを構築するため、地域雇用開発促進法及び地域雇用対策の一連の政策が展開されている（第9章第3節）。

(4)　障害者雇用促進

　「障害者の権利に関する条約」（障害者権利条約）は、あらゆる障害者（身体障害、知的障害、精神障害等）の権利と尊厳を促進し、保護するための包括的な条約である。日本は、2014年に批准した。

障害者権利条約27条は、締約国に対して、障害者が他の者との平等を基礎として労働についての権利を認めるよう求めている。この権利には、障害者に対して開放され、障害者を包容し、及び障害者にとって利用しやすい労働市場及び労働環境において、障害者が自由に選択し、又は承諾する労働によって生計を立てる機会を有する権利を含む、としている。

日本の障害者雇用促進法は、企業に対して一定の割合の障害者を雇用するよう義務付ける雇用割当制度を設けているが、2013年改正法は、障害者差別を禁止し、障害者の職場での自立を促すための合理的配慮を行う義務を定めている（第9章第6節）。

(5) 高年齢者の雇用安定

日本では、労働者は、新卒一括採用から定年まで一貫してひとつの企業に所属して職業生活を送る日本的雇用慣行が広く認められる。日本的雇用慣行においては、企業を中途で退職した者や定年退職者の移動は困難であるか、移動しても労働条件の著しい低下を伴うことが少なくない。高年齢者に対する雇用対策は、大きな課題であった。

高年齢者雇用安定法は、定年年齢の引上げ、継続雇用制度の導入による高年齢者の安定した雇用の確保、高年齢者の再就職支援、その他高齢者の就業機会の確保のための様々な措置を規定している（第9章第4節）。

(6) 若年者雇用対策

いわゆるフリーター、ニートなどの若年者の就職困難が社会問題となる中で、国は、より包括的な若年者雇用対策に取り組むために、2015年に勤労青少年福祉法を改正・改称して若者雇用促進法を制定した。

修学を終えてすぐに入職する場合、新入社員の離職率など雇用関連情報を提供することはミスマッチを防ぐ効果がある（第9章第5節）。

4. 職業能力開発法

(1) 職業能力開発の意義

技術革新が急速に進行する現代社会においては、個人が安定的な職業生活

を送るために、時宜に適った教育訓練が不可欠である。また、求職者が再就職等をする際に、企業がその個人の職業能力を適切に評価判断できる仕組みが必要である。さらに、個人が自分の職業生活を適切に設計できるような仕組みも求められている。こうした諸々の仕組みを、職業能力開発促進法が定めている。

(2)　職業能力開発の手法

　職業能力開発は、職業能力の育成、就労期間中の職業能力の高度化、他の産業・業務へと転換する場合の職業能力の刷新の場面に分けることができる。職業能力の育成は、主に学校教育における職業・キャリア教育が担っている。職業能力の高度化は、日本では、主に企業による職業訓練（OJT）が主流である。そこで、国は、企業内職業訓練についてはこれを行う企業を支援する方策を講じている。また、個人が、自発的にキャリアを形成し、労働者が習得した技能・資格などを社会的に認知できる仕組み（いわゆる「ジョブ・カード」）の活用が求められる。

　求職者がその能力に適した良質の仕事に就くため、使用者が、労働者が習得した技能、技術を適切に評価する仕組みが不可欠である。国は、そのために、技能研修制度、技能評価制度、ビジネス・キャリア検定などの評価制度を設けている。同時に、雇用保険を受給できない若年者を主たる対象に、2011年に制定された特定求職者支援法は求職者支援制度を創設し、生活を支援しながら行う職業訓練などを実施している（第10章）。

第5章

労働市場の機構

　労働市場法の特徴は、その法目的を実現するために、伝統的な法的規制にとどまらず、様々な方法を用いるところにある。

　職業の仲介のために、国が職業紹介制度を設置・運用したり、労働者が職業選択を適正・円滑に行うことができるように職業仲介事業者の活動を規制したり、また、国が直接間接に政策的責務の主体となって、雇用保険に基づく財政的基盤をもって事業主や労働者に対して財政的な助成等の方法を通じて雇用機会を創出することは、全て労働市場法に特有の仕組みである。

　労働市場の固有の機構として、国は、労働力の需給調整の実務を担いつつ様々な雇用政策措置を実行する職業安定機関（公共職業安定所等）を組織し、財政的基盤を確保するために労働保険特別会計を設けている。

第1節　職業安定機関（公共職業安定所等）

1. 公共職業安定所の展開

　日本で公共職業紹介機関が本格的な活動を開始したのは1921年の職業紹介法の制定からであった。その後、1938年に職業紹介法が改正され、従来、市町村において経営されていた「職業紹介所」を国営に移管した。

　1941年になると、中小商工業の企業整備に伴い、職業紹介所は転廃業者の保護機関としての性格をもつことになり、その名称も「国民職業指導所」と改められた（「国民職業指導所官制」）。1944年3月に、国民職業指導所は「国

民勤労動員署」と名称を改め、軍需生産の労働力の動員業務に当たることになった。

　戦後、産業再建に伴う労務の再配置転換の遂行のために、1945年10月の国民勤労動員令廃止に伴い国民勤労動員署は「勤労署」と改称し、職業のあっせん強化、職業指導の徹底とともに、軍人軍属、軍需産業従業員等の復員又は在外地引上者などの職業あっせんを行った。

　当初、政府は勤労署を「職業紹介所」に戻すつもりで職業紹介法改正を意図していたが、連合国軍最高司令官総司令部（GHQ）から、職業紹介所という名称は強制的な労務配置の悪い印象があり、また、新たな機関は職業紹介だけではなく、職業指導、職業補導、失業保険その他の業務を行うべきであるので職業紹介所という名称は不適切であるとの指導があり、英語のPublic Employment Security Officeを訳した「公共職業安定所」という名称が採用された。

　1947年制定された職安法は、「無料で公共に奉仕する」公共職業安定所を設置することを政府に義務付け、公共職業安定所は中央から第一線機関に至るまで全国を一貫した系統で運営されることになる。

　同年、日本ではじめての失業保険法が制定された。失業給付の支給を受けるには、受給資格者は離職後、公共職業安定所に出頭し求職の申込みをした上で受給資格の認定を受け、かつ定期的に出頭して失業認定を行うことを受給の要件とするが、この失業保険給付の支給業務を公共職業安定所が担うことになる。

　1950年代後半、労働市場が労働力過剰から労働力不足へと転換したのに伴い、雇用政策においてもいわゆる「積極的雇用政策」の導入が図られた。職業転換給付金制度、職業訓練法（1958年）に基づく公共職業訓練施設へのあっせんなどの雇用対策事務の実施主体として、公共職業安定所は位置付けられることになる。

　また、雇用保険法（1974年）の制定により、失業手当の他、雇用改善事業、能力開発事業、雇用福祉事業が開始されるに伴い、公共職業安定所はこれらの雇用保険付随事業の事務も担当することになる。

　こうして、公共職業安定所は、職業紹介にとどまらず、雇用保険の事務、

各種雇用政策上の措置、各種助成金支給などの雇用保険付随事業を総合的に実施する拠点として位置付けられることになる。

1999年の職安法改正によりこれまでの「職業紹介の国家独占」が廃止され、民間職業紹介事業者等が労働市場に参入したが、上記の雇用対策関連のその他業務は公共職業安定所が従前通り独占的に担当している。

1999年以降、公共職業安定所は民間職業仲介事業と共同して労働市場を管理しているが、民間事業が主にホワイトカラー系の高年収職種を、公共職業安定所がサービス・ブルーカラー系を中心に比較的年収の低い職種を扱うなどの棲分けがなされてきた。さらに、公共職業安定所は雇用保険関連業務を独占的に担当していることから、労働市場におけるセーフティネットの役割を果たしている。

2. 職業安定機関の組織

国は、全国的に統一された職業安定活動を行うために、これを担当する行政機関として職業安定機関を設置している。職業安定機関は、厚生労働省内の職業安定局、その下部組織として都道府県労働局及び第一線機関としての公共職業安定所から組織される。公共職業安定所は厚生労働省設置法23条1項によって国が設置する行政機関である。

公共職業安定所は一般的にはハローワークと呼ばれる。大都市から地方の市町村まで全国に設置されている。2016年時点で全国に544ヶ所以上（出張所等を含む）設置され、職員約1万人、相談員数約1万5千人が配置されている。

日本は、1953年にILO88号条約（職業安定組織の構成に関する条約）を批准し、これに沿って公共職業安定所を組織している。ILO88号条約1条は、加盟国に対し「無料の公共職業安定組織を維持し、又はその維持を確保しなければならない。」と定め、これを受けて、公共職業安定所は、職業紹介、職業指導、雇用保険などの業務を無料で行う機関として設置される（職安8条）。公共職業安定所は、各区域について充分な数であって使用者及び労働者にとって便利な位置に設置しなければならない（ILO88号条約3条1項）。

また、同条約は、職業安定組織は、国の機関の指揮監督の下にある職業安定機関の全国的体系で網状組織（ネットワーク）をもって構成しなければな

らない（同条約 2 条、3 条）と定めている。このため、都道府県労働局長は、厚生労働省の指揮監督を受けて、公共職業安定所の業務の連絡統一を行い、所属の職員及び公共職業安定所を指揮監督する（職安 7 条）。

　職業安定組織の職員は、公共職業安定所の業務が効果的に行われるために、専門的知識と経験を有する者でなければならず、原則として公務員でなければならない（職安 9 条）。ただし、現在では、公共職業安定所には、国家公務員のほか、臨時任用の職員が多数勤務している。

　このほか、公共職業安定所は、求職者の特性に応じて、新卒ハローワーク、わかものハローワーク、マザーズハローワークなどの専門的な相談・紹介を行う専門的紹介窓口を開設している。

　ハローワークの求人情報は、「ハローワークインターネットサービス」のウェブサイトで検索・閲覧できる。2020年にリニューアルされて、ようやくスマートフォンからも接続できるようになった。

3.　公共職業安定所の業務

　公共職業安定所は、職業安定行政の第一線機関として、労働施策総合推進法、職業安定法、高年齢者雇用安定法、障害者雇用促進法、雇用保険法などに基づく業務を一体的に運用している。すなわち、公共職業安定所は、①職業紹介、職業指導、職業相談などの職業仲介業務、②雇用保険の受給資格認定など雇用保険適用に係る業務、③雇用保険 2 事業に基づく雇用関連助成金支給に関する業務（都道府県労働局も申請を受ける）、障害者雇用率の達成など雇用対策に係わる業務を行う（職安 8 条）。

　①から③の 3 つの業務を一体的に運営する意味は、失業手当の受給資格の認定に当たっては、再就職の意思が疑わしい者について、その真意を厳格に確認する必要があるからである。また、障害者、高齢者、若年者、女性等の就職の実現には、企業への雇用関連助成金の支給などの雇用対策措置と一体となった職業紹介が効果的だからである。

　こうした業務を担う公共職業安定所は、民間の職業仲介事業とは異なり、求職者のセーフティネットの役割を果たしている。公共職業安定所は、失業者・就職困難者の置かれている事情を踏まえて、求職者がその能力に適した

職業を自由に選択できるよう配慮しなければならない。

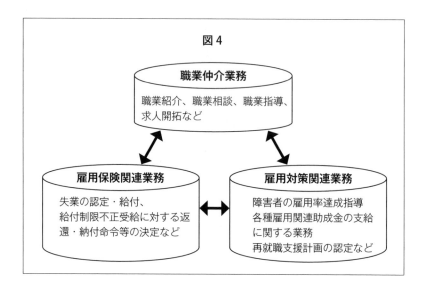

図4

職業仲介業務

職業紹介、職業相談、職業指導、
求人開拓など

雇用保険関連業務

失業の認定・給付、
給付制限不正受給に対する返
還・納付命令等の決定など

雇用対策関連業務

障害者の雇用率達成指導
各種雇用関連助成金の支給
に関する業務
再就職支援計画の認定など

第2節　労働保険特別会計

　国は求職者・求人企業に対して様々な財政的支援を行っているが、その財源の多くは税収による一般会計ではなく、雇用保険に基づく財源である。この財源は労働保険特別会計である（「労働特会」と呼ばれる）。日本は、失業等給付の国庫負担と不況時の緊急対策を除くと一般会計による雇用政策は極めて少ない。

　雇用保険の財源は、大きくは、雇用保険料と租税収入である。雇用保険事業は、雇用保険適用事業所及びこれに雇用される労働者から徴収される保険料と国が負担する国庫負担金によって運営される。ちなみに、2020年度の雇用勘定の当初予算は2兆9178億円であった。

1. 雇用保険料

　雇用保険の保険料は、労働保険徴収法に基づき徴収される。保険料率は、

労働保険徴収法12条 4 項に原則として1000分の15.5と規定されている。しかし、実際の保険料率は、毎年、国庫負担、積立金等一定の事項を考慮して1000分の11.5から19.5までの範囲内で、労働政策審議会の意見を聴いて変更することができる（同法12条 5 項）。

雇用保険の保険料率は、失業等給付（雇保10条）、雇用安定事業・能力開発事業の雇用保険 2 事業（雇保62条、63条）、求職者支援事業（特定求職者支援法）で異なる。

保険料の負担割合は、失業等給付については労使折半である（ただし、4 分の 1 について国庫負担がある）が、雇用保険 2 事業については事業主が全額負担する。求職者支援事業の保険料は、現在、労使折半で、国庫が 2 分の 1 を負担する。

2. 国庫負担（租税）

雇用保険事業を運営するための経費に充てるべき主要な財源として、保険料の他に国庫負担金がある。これは、保険事故である失業については、政府の経済政策、産業政策と無縁ではなく、政府もその責任の一端を担うべきであることから、単に労使双方のみの拠出に委ねることなく、国庫もその費用の一部を負担するとされている。

3. 労働保険特別会計の仕組み

労働保険特別会計とは、財政法13条 2 項に基づき、一般会計とは別に、労働保険事業を行うための特別会計のことである。

一般会計と特別会計

> 特別会計は、国、地方自治体の一般会計と区別される会計をいう。国又は地方自治体は、特定の事業を行う場合又は特定の資金を保有してその運用を行う場合その他特定の蔵入を以て特定の歳出に充て一般の歳入歳出と区分して経理する必要がある場合に、特別会計を設置することができる（財政法13条 2 項）。

労働保険特別会計の前身は、1947年に失業保険事業等の経理を明確にするため設置された失業保険特別会計及び労働者災害補償保険特別会計であり、

これが1972年に一元化された。1975年に従来の失業保険制度に代わり、失業補償機能を発展的に継承するとともに、雇用構造の改善等雇用に関する総合的機能を有する雇用保険制度が新設された。

労働保険特別会計は、労働者災害補償保険法による労働者災害補償保険事業及び雇用保険法による雇用保険事業に関する経理を行うために設けられたもので、労災勘定、雇用勘定及び徴収勘定の3勘定より成っている。

労働保険料は徴収勘定に集められ、そこから労災勘定と雇用勘定へと繰り入れられている。これを規定しているのは、労働保険徴収法である。

その仕組みについては次の図5参照。

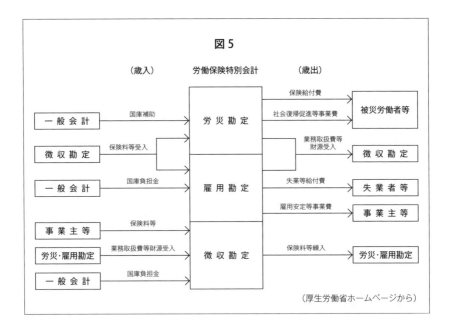

図5

（厚生労働省ホームページから）

第6章

労働市場法の実効性確保

第1節　実効性確保の手法

1. 実効性確保の意義

　法の意義を考える場合、法規範の実効性がどのように確保されているか検討することは、法目的ないし法規範そのものの研究に劣らず重要である。どのような法領域においても、実効性確保に向けた手段に工夫が凝らされている。それは労働法においても同様である。

　労働法における実効性確保は、刑罰及び民事法上の執行手続とともに、権限ある行政機関が行う行政処分・行政指導のほか、企業名公表、経済的・社会的利益の付与又は剥奪、さらには関係当事者間の権利義務の創設など多様な手段が用いられている[1]。

2. 労働市場法における実効性確保手段

　労基法、労働安全衛生法（以下では労安法）、労組法、最賃法、職安法、労働者派遣法など労働法における様々な規制の実効性は、伝統的には刑罰によって担保されてきた。労働市場法の分野においても同様で、例えば、職安法65条7号は、職業紹介事業者が職安法に定める義務に違反した事業者に対して、厚生労働大臣が改善命令を発したにもかかわらず、事業者がこれに従わ

---

[1]　鎌田耕一「労働法の実効性確保」日本労働法学会編『講座労働法の再生第1巻　労働法の基礎理論』（日本評論社、2017年）225-246頁。

ない場合、6ヶ月以下の懲役又は30万円以下の罰則の適用を定めている。

　しかし、実務上、実効性確保において大きな役割を果たしているのは行政処分及び行政指導である。事業主に対する行政処分には、事業改善命令（派遣49条1項、職安48条の3）、事業停止命令（派遣49条2項）、使用停止等命令（労基96条の3）などがある。こうした命令に従わず、又は虚偽の報告をした場合、当該事業主等は、刑罰に処せられる。行政処分の前に、行政は様々な形で行政指導を行っている。

　さらに、現代では、刑罰、行政処分等とは別の手法が多く用いられている。特に重要なものは、①違反企業に対する企業名の公表、②事業主に対する事業経営上の経済的不利益又は利益の付与により、違法状態の是正又は政策目的の実現を促すもの（障害者雇用率の不達成企業に対する納付金徴収や、政策目的の実現に協力する企業に対する雇用関連助成金の支給など。第8章参照）と、③派遣先の労働契約申込みみなし制度など労使の権利義務を創設（派遣40条の6）することにより、違法状態の是正を促すもの（第7章参照）、④行政による許可取消し又は行政サービスの利用停止（法令違反を繰り返す企業に対する公共職業安定所による求人不受理（職安5条の5第1項但書）など）がそれである。

　労働市場法においては、特に、経済的手法による実効性確保、行政による許可取消し、行政サービスの利用停止などが有効に利用されている。実効性確保の詳細は、個別の法律を取り上げる際に解説する。

第2節　個別紛争

　労働市場法をめぐる個別紛争は、大きく、①失業給付など行政官庁に対する雇用関連給付・サービスの受給権（雇用関連給付受給権）をめぐる紛争（行政訴訟）、②民間雇用サービス事業との権利義務関係をめぐる紛争（民事訴訟）に分けることができる。

　上記①は、労働市場法に基づいて国民が一定の利益を享受する地位を取得し、その地位をめぐって発生する紛争である。上記②は主に職業仲介事業者の活動に関する法的紛争である。

1. 雇用関連給付受給権

> 【事例 1 】　タクシー運転手Xは、Aタクシー会社を離職し、直ちに、公共職
> 業安定所（B職安）に雇用保険被保険者離職票を提出して求職の申込みを
> 行った。そして、雇用保険法に基づく失業給付の受給資格決定を受けた。
> 数日後、失業認定を受けるためにB職安に出頭したところ、B職安はXの
> 退職理由が雇用保険法33条に規定する「正当な理由がなく自己の都合によ
> って退職した場合」に該当するとして、3ヶ月間基本手当の支給をしない
> という給付制限処分を行った。
> 　　Xはこれを不服として、雇用保険審査官に審査請求をしたが棄却された。
> 再審査を労働保険審査会にも請求したが、同様に棄却の裁決を受けた。そ
> こで、XはB職安所長による基本手当の給付制限処分の取消しを求めて提
> 訴した。

(1)　雇用関連給付受給権と行政庁の決定

　雇用保険法に基づく失業等給付又は雇用政策に関連する措置に基づく給付
を受ける権利（本書では「雇用関連給付受給権」と呼ぶ）を、国民はどのように
取得するのだろうか。

　一般に、社会保険制度に基づく保険給付については、保険給付の受給要件
を満たした者は、行政による一定の手続（決定）を経ることにより、はじめ
て保険給付を請求することができると解されている。

　労災保険給付の事案であるが、最高裁は、労災保険法所定の手続により行
政機関が保険給付の支給決定をすることによって給付の内容が具体的に定ま
り、受給者は、これによってはじめて政府に対し、その保険給付を請求する
具体的権利を取得する、と判示している（最判昭和29・11・26民集 8 巻11号2075
頁）。この法理は、労災保険以外の他の社会保険給付にも適用され、社会保
険の保険給付一般について行政庁の支給決定を経ずに直接に裁判所に請求す
ることができないとされている。

　雇用保険の失業等給付についていえば、受給資格者が基本手当の支給を受
ける権利は、雇用保険法69条に定める失業等給付に関する処分、すなわち、
受給資格の決定、所定給付日数などを公共職業安定所が決定してはじめて具

体的に発生し、それ以前においては単に抽象的な保険給付を受けうる地位が存在するにすぎないと解されている（旧失業保険法に基づく失業給付の事案であるが、横浜地判昭和31・1・21労民集7巻1号145頁）。

　学説も社会保険受給権に関する最高裁の判例理論を支持するものが多い。確かに、受給権は、公共職業安定所が受給資格を決定し失業認定した後に支給額が確定してはじめて発生するといえる。しかし、受給権が発生するためには、まず、公共職業安定所が受給資格を決定し、失業を認定することが条件となる。とすれば、被保険者はその権利を実現するためには、公共職業安定所に対して失業等給付の支給に関する決定（受給資格の決定と失業認定等）を行うよう請求できなければならない。そうでなければ、受給資格を有しても、法的に請求できないからである。そうであれば、被保険者は、公共職業安定所に対して失業等給付の支給決定を請求する権利を有するとみるべきであろう。

　以上のように考えると、失業等給付を受ける権利は、失業等給付の支給に関する決定を請求する権利（これを仮に「支給決定請求権」と呼ぶ）と、この決定がなされた後に現実に一定の金額の支払いを請求する権利（これを「受給権」と呼ぶ）に分けるべきである（第8章第9節参照）。

(2)　行政処分取消訴訟

　公共職業安定所の不支給決定又は給付制限決定（給付制限の詳細は、第8章第6節2を参照）に不服がある者は、雇用保険審査官に対して審査請求を行い、その決定に不服がある者は、労働保険審査会に対して再審査請求することができる。そして、この決定に不服がある者は、裁判所に対して、公共職業安定所長の不支給決定等に対する取消訴訟を提起することができる。

　雇用関連給付受給権をめぐる訴訟は、行政事件訴訟法（以下では「行訴法」）に基づく行政処分に対する抗告訴訟という形をとる（行訴3条1項）。例えば、行政庁により不支給が決定された場合、これに不服である者は、不支給決定という行政処分に対する「取消訴訟」（行訴3条2項）を提起しなければならない。

　ただし、行政取消訴訟を提起するためには、雇用関連給付の不支給に関す

る国の決定が行政処分でなければならない。

行政処分

　行政事件訴訟法 3 条 2 項は、取消訴訟の対象を「行政庁の処分その他公権力の行使に当たる行為」と定めている。したがって、取消訴訟の対象が、これに該当しなければ、その訴えは不適法として却下される。では、行政庁の処分とは何か。判例は、「行政庁の法令に基づく行為のすべてを意味するものではなく、公権力の主体たる国または公共団体が行う行為のうち、その行為によって、直接国民の権利義務を形成しまたはその範囲を確定することが法律上認められているもの」と解している（最判昭和39・10・29民集18巻 8 号1809頁）。行政指導は一般に行政処分とはみなされない。

　ところが、雇用関連助成金の支給については、行政庁が行った決定が行政処分に当たるか否かは必ずしも明らかではない場合が多い。例えば、沖縄のある企業が雇用保険法施行規則により雇用改善事業のひとつとして定められた地域雇用特別奨励金（当時）の支給を公共職業安定所に申請したところ、公共職業安定所長が不支給決定したことから、この企業がこの不支給決定は不当だとして取消訴訟を提起した。これに対して、裁判所は、公共職業安定所長の行った不支給決定は抗告訴訟の対象となる行政処分に当たらないとして訴えを却下している（福岡高那覇支判平成 5・12・9 判時1508号120頁）。

　これは、支給要件を定めた要綱が行政の内部文書にすぎず、不支給決定も内部的決定にすぎず、行政処分ではないと解されたからである。行政処分性のあまりにも狭い解釈といわざるを得ない。

2. 職業仲介事業に関する紛争

　【事例 2 】　事業許可を有する有料職業紹介業者Ｘは、診療所経営者Ｙから、診療所院長として勤務可能な医者を探索し、採用に至った場合200万円の報酬を支払う旨の業務委託契約を結び、その後Ｘは医師Ａを紹介し、ＹはＡとの間に年俸1000万円の労働契約を締結した。一方で、ＸはＹに対してＡの探索・紹介等の業務の対価として200万円の支払いを求めた。これに対して、ＹはＸの行為は職安法 4 条 1 項に定める職業紹介に該当し、Ｘの請求する対価は、職安法32条の 3 第 1 項 1 号に基づき厚生労働省令が定め

る紹介手数料の上限を超えているので、上限を超えている部分は無効
　として、請求された額の一部である50万5000円だけを支払うと主張
　して、全額の支払いを拒んだ。これに対して、Xは、本件業務がスカウ
　ト行為（ヘッドハンティング）であり職業紹介に該当しないとして、Yに
　対して上限を超える報酬額に相当する損害の賠償を請求した。

　一般に、職業安定法、労働者派遣法等は行政取締法規であり、これに違反
する場合、行政による指導又は行政処分、さらには法令に定める刑罰が科せ
られる。【事例2】にあるように、Xのスカウト行為（求人者に紹介するために
求職者を探索し、求人者に就職するよう勧奨する行為）が職安法32条の3に違反し
た場合、行政による処分等にXが従わなければ、刑事告発がなされることに
なり、その際には、職業仲介事業に対する刑事制裁の是非を争うことになる。
　他方で、【事例2】のように職業仲介事業と求人企業又は求職者との間で
職業仲介サービスをめぐって民事裁判が提起されることがある。問題は、職
業仲介事業者が本来行政取締法規である職安法、労働者派遣法等に定める規
定に違反した場合、違反した行為の私法的効力又は違法行為による損害賠償
など当事者間にいかなる権利義務関係が発生するかである。職安法には、違
反した場合における当事者間の権利義務関係に係わる規定がない。
　【事例2】においては、①スカウト行為が職安法所定の職業紹介に該当す
るかどうか、②仮に職業紹介に該当する場合、YはXに対して約束した報酬
を支払う義務があるかが問題となる。職安法は、職業紹介を「求人及び求職
の申込を受け、求人者と求職者との間における雇用関係の成立をあっせんす
ること」と定義している。判例（最判昭和30・10・4刑集9巻11号2150頁）は「あ
っせん」を、「求人者と求職者の間に介在し、両者間における雇用関係成立
のための便宜をはかり、その成立を容易ならしめる行為一般」と定義し、東
京エグゼクティブ・サーチ事件最高裁判例（最判平成6・4・22民集48巻3号944
頁）は、この定義を踏まえて、「あっせん」にはスカウト行為も含まれると
判断した。したがって、【事例2】においては、本件業務は依頼者の求める
人材を探索・勧誘することだとしても、職業紹介に該当することになる。
　次に報酬支払義務の問題であるが、紹介手数料については、職業紹介業者

が届出制をとらない場合、職安法は手数料の上限を規制している。本件は手
数料の上限が規制されているケースであるが、上記東京エグゼクティブ・サ
ーチ事件最高裁判例は、法定の手数料の上限を超えているとしても、求人者
と求職者との間で締結された業務委託契約の全てを無効としないで、その一
部、すなわち、法律で定めた手数料の上限額を超える部分のみ無効だとした。
そうすると、【事例2】において、法律で定めた手数料の上限額を超える部
分については、YのXに対する手数料支払義務が生じないこととなるので、
Xの損害賠償請求は認められないことになる。

第7章

職業仲介法

第1節　総論

1. 職業仲介事業の概念と形態

　求職者が求人企業と出会うのは、店先の求人広告のようなごく一部の場合を除けば、何らかの機関・事業が介在している。新規学卒者であれば大学の就職部（現在ではキャリアセンターという方が多い）、中高年齢者であればハローワーク、最近では、ウェブ上の求人サイトが活躍している。労働力の需給調整は、こうした職業仲介なしでは考えられない。

　他方で、労働市場において労働力の需給調整に関わる事業については、その役割に応じて、適格性を確保し、責任を果たさせる必要がある。このため、求職者保護を基本としつつ、求職者が各々の希望や能力に適合した職業に就くことができるよう、職業仲介事業に適正な運営を促す仕組みも重要である。さらに、求職者及び求人者の利便性を向上させる必要もある。こうした考え方に基づき、職業仲介事業、求人・募集情報の適正化等に向けて、職安法をはじめとする職業仲介法では様々な規制を講じている。

　職業仲介とは求職者と求人企業との間を仲介する雇用サービスをいう。求職者・求人企業の契約関係からみると、①求職者・求人企業との間の労働契約の成立をあっせんするサービス（職業紹介サービス）、②雇用している労働者を第三者に派遣し労働させるサービス（労働者派遣サービス）、③求人・求職情報など労働者の募集に関する情報を求人企業・求職者に提供するサービス（募集情報等提供サービス）に分類できる。

　これを運営主体からみると、国が運営する公共職業紹介（公共職業安定所など）と民間の職業仲介事業に分かれ、さらに、職業仲介事業は、①有料職業紹介事業（紹介手数料の取得を目的とした営利事業者）、②無料職業紹介事業（無料で職業紹介を行う事業で、学校、公益団体などが主である）、③労働者供給事業（労働者を第三者に供給し就労させる事業）、④労働者派遣事業（雇用する労働者を派遣先に派遣する事業）、⑤募集情報等提供事業（求人メディア）、⑥地方公共団体が運営する職業紹介に分かれる。本書では、公共の職業紹介を行う者を職業安定機関（公共職業安定所を含む）、職業仲介事業を行う者を職業仲介事業者といい、これらを規制する法を総称して職業仲介法という。

　公共職業紹介、有料・無料職業紹介事業、労働者供給事業、募集情報提供事業については主に職安法が規制し、労働者派遣事業は労働者派遣法が規制している。職安法が、職業仲介法の基本法に位置付けられる。

　職安法は、①労働施策総合推進法と相まって、公共職業安定所、民間の職業紹介事業等が労働力の需給調整を適正かつ円滑に行うこと、②これにより、各人にその有する能力に適合する職業に就く機会を与え、③産業に必要な労働力を充足することを目的としている。

　「事業」とは、一定の目的をもって同種の行為を反復継続的に遂行することをいい、1回限りの行為であったとしても反復継続の意思をもって行えば事業性がある（職業紹介事業の業務運営要領第1の1(3)②）。

新たな職業仲介サービスの展開

　近年は、上記の職業仲介事業のほかに、新たな職業仲介サービスが主にウェブ上で展開されている。例えば、公開されている求人情報をまとめて1つのサイトで提供するサービス（アグリゲーターと呼ばれる）、SNSを用いて求人情報を利用者に提供するサービス、独自のアプリを用いて顧客（雇主）とフリーランス（ワーカー）との間を仲介するクラウドソーシングなどがある。これらの一部は、実質的にみれば、募集情報を提供しているが、自らは職業仲介事業に当たらないと主張している。そうだとすれば、以下で述べる各種ルールの適用もないことになり、今後はこれら新しいサービスを法的にどう位置付けるか議論されることになろう[1]。

1　新たな職業仲介事業の法的位置付けについては、厚生労働省「労働市場における雇用仲介の在り方に関する研究会」（座長：鎌田耕一）報告書（2021年7月13日）参照。

法は、次に掲げる表2にあるように、これら職業仲介事業に対して、許可取得を義務付けるなどの一定の規制を加え、事業活動について様々なルールを課している。

表2

職業仲介事業の種類		事業許可・届出	主な規則	適用法令
職業紹介事業	有料職業紹介事業	許可	手数料規制 取扱禁止職種 職業紹介責任者	職安法
	無料職業紹介事業	許可・届出	同上	職安法
労働者募集	直接募集	なし		職安法
	文書募集	なし		職安法
	委託募集 （募集受託者）	求人者が許可取得	委託報酬の許可制 求職者からの報酬 徴収禁止	職安法
労働者供給事業	一般	禁止		職安法
	労働組合による事業	許可	供給手数料の徴収 禁止など	職安法
労働者派遣事業		許可	派遣禁止業務 派遣期間制限など	労働者派遣法
募集情報等提供事業		なし	募集内容等の明確 化など	職安法 若者雇用促進法

　各事業に適用される詳しいルールは、職業仲介事業については、職業安定法・同法施行規則・職業紹介事業等指針が定め、労働者派遣事業については労働者派遣法・同法施行規則・派遣元事業主指針・派遣先指針が定めている。さらに、厚生労働省は、運用上の詳細を、職業紹介事業の業務運営要領（「職業紹介業務運営要領」）、労働者派遣事業関係業務取扱要領（「労働者派遣業務取扱要領」）に規定している。

　かつて、民間の雇用仲介事業者は厳しく活動が制限されていたが、現在は、一定のルールの下で活動が認められている。ルールの内容は、大きくは、①公共職業安定所と職業仲介事業者に共通して（部分的に）適用されるルール（共通ルール）、②職業仲介事業者の許可・届出制、③職業仲介事業者の活動ルールに分けられる。

2.　職業仲介の共通ルール

　職業仲介については、公共職業安定所、有料・無料の職業紹介事業者、労働者の募集を受託する事業者、労働者供給事業を行う労働組合、労働者派遣事業が共通して遵守すべきルールがある。

(1)　差別禁止

　職安法 3 条は、何人も、職業紹介、職業指導等において、その申込みの受理、面接、指導、紹介等の業務について、人種、国籍、信条、性別、社会的身分、門地、従前の職業、労働組合の組合員などを理由とした差別的取扱いを禁止している。

　この規定は、憲法14条 1 項が法の下の平等を規定する趣旨を受けて、職業紹介、職業指導等における均等待遇を定めたものである。ここでいう差別的取扱いの禁止は、絶対的禁止ではなく合理的理由によらない差別的取扱いをしてはならないことを意味する。したがって、職業紹介事業者が、求職者の中から、その能力に着目して選抜して紹介を行うことは合理的な理由があり、本条の差別的取扱いに該当しない（東京地判昭和57・1・25判時1055号95頁）。

　この差別禁止の規制は、直接には、公共職業安定所、職業仲介事業に向けられたものである。公共職業安定所、職業紹介事業者は、申込みの受理、面接、指導、紹介等の業務について、求職者を、人種、国籍、性別、社会的身分、従前の職業、労働組合の組合員であることを理由に差別的取扱いをしてはならない。ただし、これに違反しても、民事的制裁としての損害賠償にとどまり、罰則の適用はない。なお、この差別的取扱い禁止は、雇用主と労働組合との間に締結された労働協約に別段の定めがある場合は、適用を免れる（職安 3 条但書）。

　これに対して、求人企業（雇用主）は、労働者の募集・採用においては、採用の自由が認められている（三菱樹脂事件最高裁大法廷判決・最大判昭和48・12・12民集27巻11号1536頁）ことから、法令により禁止されている場合を除き、求職者を別扱いすることが許されている。しかし、現在、いくつかの法令により差別禁止の規制が行われている。例えば、男女雇用機会均等法 5 条は男

女の差別的募集・採用を禁止し、労働施策総合推進法9条は年齢による募集採用における差別的取扱いを禁止し、障害者雇用促進法34条は募集・採用における障害を理由とした不当な差別を禁止している。このように募集・採用において年齢・障害を理由とした差別を禁止しているが、職安法3条は差別事由に年齢・障害を定めていない。法改正が求められる。

(2) 求職者等に対する労働条件明示

公共職業安定所、特定地方公共団体、職業紹介事業者、労働者の募集を行う者（求人者）、労働者供給事業者は、職業紹介、労働者の募集、労働者の供給に当たり、求職者、募集に応じて労働者となろうとする者又は供給労働者に対し、その者が従事すべき業務の内容及び賃金、労働時間その他労働条件を明示しなければならない（職安5条の3第1項）。同じく、労働者派遣事業者は、労働者派遣を行う前に、派遣労働者に対して、就業条件をあらかじめ明示しなければならない（派遣34条）。

求人企業も、求人の申込みに当たり、職安法5条の3第1項に定める職業紹介事業者等に対し、その者が従事すべき業務の内容及び賃金、労働時間その他の労働条件を「あらかじめ」明示しなければならない（同条2項）。

明示されるべき事項は、①労働者が従事すべき業務の内容、②労働契約の期間及び試用期間、③就業の場所、始業・終業時刻、所定労働時間を超える労働の有無、休憩時間及び休日、④賃金額、⑤健康保険、厚生年金保険、労災保険、雇用保険の適用に関する事項、⑥雇用主の氏名又は名称、⑦派遣労働者として雇用する場合はその旨、⑧受動喫煙防止措置である（職安施行規則4条の2第3項）。

さらに、職業紹介事業者等指針は、明示事項の内容に関してより詳細な規定を置いている。とりわけ、企業がいわゆる固定残業代制（後出のコラム参照）、労基法38条の3、38条の4で定める裁量労働制などをとる場合は、その明示を義務付けている。

ここにいう労働条件の事前明示は書面の交付の方法又は電子メールを利用して行う必要がある（職安施行規則4条の2第4項）。

これまで、求人企業が求職者に労働条件をあらかじめ明示せず、又は実際

の労働条件より著しく低い労働条件を提示したために、トラブルとなるケースがあった。求職者があらかじめ労働条件を知った上で就職することは、トラブルを未然に防止するだけではなく、労働者保護の観点からも重要である。労基法15条も同様な趣旨で、求人企業に労働条件の明示を使用者に義務付けている。公共職業安定所、職業紹介事業等はこうした明示を行わない求人者からの求人申込みを受理しないことができる（職安5条の5第1項但書）。

　労基法15条は、求人企業が労働契約の「締結に際し」労働条件を明示すれば足りるのに対して、職安法5条の3では、「あらかじめ」明示するように義務付けている。そこで、職安法による明示と労基法15条の明示との間に若干のタイムラグが生じ、事前に明示した労働条件を契約締結に際して変更することが起こり得る。求人者、労働者の募集を行った者、労働者の供給先は、既に明示した労働条件を変更する場合には、それを書面で明示しなければならない。

　既に明示した労働条件を変更する場合とは、具体的には、①職安法5条の3第1項の規定による当初の明示において明示していなかった労働条件等を新たに提示しようとする場合（例えば、当初は事務の仕事とされながら、後から販売の仕事も加わる場合）、②当初の明示において一定の範囲をもって明示した労働条件等を特定して提示しようとする場合（例えば、当初給料は20万円から23万円の間とされ、後で20万円と確定する場合）、③当初の明示において明示した労働条件等と異なる内容の労働条件等を提示しようとする場合（例えば、当初は給料は20万円としながら、後に18万円に変更する場合）、がそれである（職安5条の3第3項）。

　このように、労働条件の明示・変更について厳格に規定した理由は、求職者保護をより強化し、求人者等による不適切な情報提供を防ぐことを目的としている。

　なお、故意に、虚偽の広告をなし、又は虚偽の条件を提示して、職業紹介等を行った事業者、及び虚偽の条件を提示して、公共職業安定所又は職業紹介事業者に求人の申込みを行った求人者には罰則が適用される（職安65条8号、9号）。

固定残業代制の事前明示

　固定残業代制とは、手当の名称いかんにかかわらず、一定時間分の時間外労働、休日労働及び深夜労働に対する割増賃金を定額で支払う契約上の取決めをいう。職安法5条の3第1項又は第2項は賃金額等の事前明示を求人者、職業紹介事業者に義務付けているが、職業紹介事業者等指針第3の1は、特に固定残業代制を採っている場合、求人者が、①一定時間分の時間外労働、休日労働及び深夜労働に対して定額で支払われる割増賃金（固定残業代）に係る計算方法（固定残業代の算定の基礎として設定する労働時間数（固定残業時間））、及び金額、②固定残業代を除外した基本給の額、③固定残業時間を超える時間外労働、休日労働及び深夜労働についての割増賃金を追加で支払うこと等を明示することとしている。職業紹介事業者は、この明示が適切になされるようにしなければならない。

(3)　求職者等の個人情報保護

　職業仲介事業者の下には、年齢、住所、学歴、家族構成、健康情報など求職者の個人情報が集まってくる。集まった個人情報をみだりに他に転用し、第三者に提供することは、求職者の利益及びプライバシーを著しく損なうおそれがある。職業仲介において、個人情報保護が特に重要な課題となる所以である。

　そこで、公共職業安定所、特定地方公共団体、職業紹介事業者、求人者、労働者の募集を行う者及び募集受託者、労働者供給事業者及び労働者供給を受けようとする者、派遣元事業主は、本人の同意がある場合その他正当な事由がある場合を除いて、求職者等の個人情報の収集・保管・使用に当たって、その業務の目的の達成に必要な範囲内で収集し、また、収集の目的の範囲内でこれを保管・使用しなければならない（職安5条の4第1項、派遣24条の3）。

　個人情報とは、個人に関する情報であって、特定の個人を識別することができるもの（他の情報と照合することにより特定できるものを含む）をいう（職安4条11項、派遣7条1項3号）。「個人情報の保護に関する法律」（以下では「個人情報保護法」）2条1項も、ほぼ同様の個人情報の定義を置いている。

　個人情報とは、氏名、性別、住所、生年月日、顔画像等個人を識別する情報に限らず、個人の身体、財産、職種、肩書等の属性に関して、事実、判断、評価を表す全ての情報であり、評価情報、公刊物によって公にされている情

報や映像、音声による情報も含まれる。例えば、連絡先（住所、メールアドレス等）は当然であるが、防犯カメラに記録された本人が判別できる映像情報、新聞・ホームページ・SNS等で公にされている情報も、それにより個人が識別される限り、個人情報に該当する。

　個人情報の中で、特に、①人種、民族、社会的身分、門地、本籍、出生地その他社会的差別の原因となるおそれのある事項（これには、家族の職業、収入、本人の資産等の情報や容姿、スリーサイズ等差別的評価に繋がる情報が含まれる。）、②思想及び信条、③労働組合への加入状況などは、特にセンシティブな情報であり、収集してはならない（職業紹介事業者等指針第4）。ただし、特別な職業上の必要性が存在するなど業務の目的達成に必要不可欠で、収集目的を示して本人から収集する場合はこの限りではない。

　職業紹介事業者等は、業務の目的の達成に必要な範囲を超える場合、個人情報を本人から直接収集するか、又は本人の同意の下で本人以外の者から収集する等、適法かつ公正な手段によらなければならない。しかし、業務の目的の達成に必要な範囲を事業者が明示していないために、本人の同意が必要な場合か否か、必ずしも明らかでない。近年、求人メディアが過去に就職活動を行った学生の個人情報を基にアルゴリズムを作成し、当該学生の同意を得ずに、それを現在の就職活動中の学生に用いて当該学生の内定辞退率を算出し求人企業に提供するというサービスが問題となった（2017年のいわゆる「リクナビ」問題）。厚生労働省は職安法51条2項により、当該事業者に対して行政指導を行った。

個人情報保護法

　個人情報保護法は、一般的な個人情報の保護を規定している。同法は、個人情報データベース等を事業の用に供している個人情報取扱事業者に個人情報の取扱いに関するルールを定めているが（個人情報保護法16条2項）、ほとんどの職業仲介事業者は個人情報取扱事業者に該当すると思われる。

　職業仲介事業者が個人情報取扱事業者に当たる場合、個人情報保護法4章1節に規定する義務を遵守しなければならない。求人者に求職者の個人データを示す行為は、第三者提供に該当するものであることから、原則としてあらかじめ求職者の同意を得ないで求職者に関する個人データを求人者に提供することはでき

ない。ただし、求職者の同意を得ることが困難なときは、①求人者への提供を利用目的とすること（職業紹介業務の目的達成に必要な範囲に限定される）、②求人者へ提供される個人データの項目、③求人者への提供の手段・方法、④求職者の求めがあれば、それ以降その求職者の個人データの求人者への提供を停止すること、⑤本人の求めを受け付ける方法の5点について、あらかじめ求職者に通知し、又は求職者が容易に知り得る状態に置き（例えば、ホームページへの掲載、事業所の窓口等への掲示・備付等による公表が継続的に行われている状態）、かつ個人情報保護委員会に届け出ているときに限り、求職者の同意を得ずに、求職者の個人データを求人者に提供することができる、とされている（個人情報27条2項）。

第2節　職業紹介事業

1．職業紹介の概念

　職安法に定める職業紹介とは「求人及び求職の申込みを受け、求人者と求職者との間における雇用関係の成立をあっせんすること」をいう（職安4条1項。図6参照）。

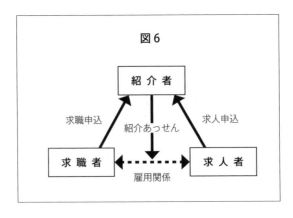

図6

　職業紹介の概念について3つの点が問題となる。

　第 1 の問題は、職業紹介の範囲である。職業紹介でいう「あっせん」とは雇用関係の成立に直接関与する行為のみをいうのか、これに関連する行為を広く含むのかという問題である。判例は、「求人および求職の申込を受けて求人者と求職者の間に介在し、両者間における雇用関係成立のための便宜をはかり、その成立を容易ならしめる行為一般を指称」するとしている（最決昭和30・10・4 刑集 9 巻11号2150頁）。

　したがって、職業紹介には、求人者と求職者との間に雇用契約を成立させるために引き合わせる行為のみならず、求人者に紹介するために求職者を探索し、求人者に就職するよう求職者に勧奨するいわゆるスカウト行為も含まれる（東京エグゼティブ・サーチ事件・最判平成 6・4・22民集48巻 3 号944頁）。

　第 2 の問題は、ここでいう職安法 4 条 1 項に定める「雇用関係」の意義である。この点について、判例は、職安法でいう「雇用関係」は、「必ずしも厳格に民法623条の意義に解すべきものではなく、広く社会通念上被用者が有形無形の経済的利益を得て一定の条件の下に使用者に対し肉体的、精神的労務を供給する関係にあれば足る」としている。（前掲最決昭和30・10・4 刑集 9 巻11号2150頁及び最判昭和29・3・11刑集 8 巻 3 号240頁）。例えば、いわゆる芸妓置屋と芸妓との間にも、本条でいう雇用関係は認められる（東京高判昭和29・8・16高刑集 7 巻 7 号1152頁）。

　最近は、クラウドソーシングなど、発注者と就業者との請負関係若しくは業務委託関係の成立を仲介する事業が拡大している。ここでいう請負関係又は業務委託関係が、本条にいう「雇用関係」に該当するかどうかは、契約の形式だけではなく、実態に照らして判断しなければならない。

　第 3 に、職業紹介と求人・求職者に対する募集情報提供との区分が問題となる。一般に、募集情報提供事業者が単に求人・求職情報を提供するのみで、求人・求職の申込みを受けない場合、職業紹介とはならない。しかし、近年、インターネットによる求人情報・求職者情報提供が広まる中で、情報提供事業者のホームページ上で求人・求職者情報を閲覧可能にするだけでなく、併せて求職者と求人者との間の双方向的な意思疎通を中継したり（例えば、求職者に特定求人企業のリコメンドメールを送る）、求職条件又は求人条件に適合する求人情報又は求職者情報を特定の求職者・求人企業に自動的に送信する仕

組みとするなど、従来の「情報提供」の態様と大きく異なるものが登場している。

　求職者情報の提供サービスが特定の求人者に対して行われる場合には、職業紹介事業に該当するおそれがある。判例は、求職の申込みをした者を事務所備付けの求職者リストにその氏名、住所、年齢、学歴、希望職種等を記入して登載し、いつでも求人者に紹介することができる態勢を整えた上、契約金を支払って協会の会員となった求人者に対し「求職新聞」又は「購読者リスト」と題する求職者の名簿（前記の求職者リストから選び出した数名の求職者の氏名等を記載したもの）を交付して求職者の氏名等を知らせるとともに、求人者の採用面接の段階で必要となる「面接案内書」及び「面接通知書」も準備するなどの便宜を図り、求人者に対して求職者と面接するように仕向けた場合には、この行為は職業紹介に当たるとしている（最決昭和57・4・2刑集36巻4号538頁）。

　さらに、厚生労働省は、主にインターネットによる求人・求職の募集情報提供事業と職業紹介事業を区分する基準を公表している。これによれば、求人・求職情報提供が、①提供される情報の内容又は提供相手について、予め明示的に設定された客観的な条件に基づくことなく情報提供事業者の判断により選別・加工を行うこと、②情報提供事業者から求職者に対する求人情報に係る連絡又は求人者に対する求職者情報に係る連絡を行うこと、③求職者と求人者との間の意思疎通を情報提供事業者を介して中継する場合に当該意思疎通の内容に加工を行うこと、の3つに該当する場合、それは職業紹介とされる（職業紹介事業者等指針第5の6⑵）。

2. 職業紹介事業の基本ルール

⑴　求人申込み、求職申込み受理原則

　憲法27条1項は求職者の労働権を保障している。これを受けて、国は、全ての人に対して就業機会を提供する責務がある。公共職業安定所、特定地方公共団体及び職業紹介事業者は、原則として申込みの内容の如何にかかわらず、求人及び求職の申込みを全て受理しなければならない（職安5条の5、5条の6）。これを「求人申込み受理原則」及び「求職申込み受理原則」という。

　ただし、職業紹介事業者が、例えば「医師・看護師」などといった取扱職種の範囲を厚生労働大臣に届けた場合は、その範囲内の求人申込みだけを受理することができる（職安32条の12）。

　求人申込み受理原則には例外があり、次の求人申込みは、公共職業安定所、特定地方公共団体及び職業紹介事業者は受理しないことができる（職安5条の5第1項但書）。すなわち、①その内容が法令に違反する求人申込み、②求人申込みの内容である労働条件が通常の労働条件と比べて著しく不適当なもの、③労働関係法令で処分、企業名公表などの措置が講じられた者からの求人申込み、④労働条件の明示がなされない求人申込み、⑤暴対法（暴力団員による不当な行為の防止等に関する法律）2条6号に規定する暴力団員（以下この者を「暴力団員」という）、役員に「暴力団員」がいる法人、「暴力団員」がその事業活動を支配する者等による求人申込み、⑥公共職業安定所等が前記①から⑤までの事項の報告を求めたにもかかわらず、正当な理由なくその求めに応じなかった求人者の求人申込みについては、これを受理しないことができる。

　上記の求人申込み不受理の要件の中で、特に重要なのは③である。これは、求人申込み受理原則の例外という位置付けだが、その機能からみれば、労働関係法令違反を繰り返す信頼の置けない企業、いわゆるブラック企業を労働市場から一時的に排除する制度といえる。労働関係法令の違反を繰り返して、求人不受理となるのは次の表3の通りである。

表3

対象となる主なケース		基本となる不受理期間
労働基準法及び最低賃金法に関する規定	1年間に2回以上、同一の対象条項違反により是正指導を受けた場合	法違反の是正後6か月経過するまで
	対象条項違反により送検され、公表された場合	送検された日から1年経過するまで
職業安定法、男女雇用機会均等法及び育児・介護休業法に関する規定	対象条項に違反し、法違反の是正を求める勧告に従わず、公表された場合	法違反の是正後6か月経過するまで

⑵　求職者の能力に適合する紹介

　憲法22条 1 項は、職業選択の自由を保障している。これは、求職者に対して、その能力に適した職業に就く権利を保障するものである。公共職業安定所、職業紹介事業者は、求職者に対して能力に適合する職業を紹介し、求人者に対してその雇用条件に適合する求職者を紹介しなければならない（職安 5 条の 7 ）。これを適格紹介の原則という。

⑶　職業紹介の地域

　公共職業安定所は、求職者に対し、できるだけその住居地の変更を必要としない就職先を紹介しなければならない（職安17条 1 項）。これを居住地紹介の原則という。ただし、その管轄内で求職者の希望・能力に適合する職業を紹介することができないなどのときには、広範囲の地域にわたる紹介をすることができる（同条 2 項）。

3.　職業紹介事業の許可・届出

⑴　有料職業紹介事業

　有料職業紹介事業とは、営利を目的とするか否かにかかわらず、職業紹介に関し紹介手数料などの対価を徴収して行う職業紹介事業をいう（職安 4 条 3 項、業務運営要領第 1 の 2 ⑴）。この場合、「対価を徴収して」とは、通常は、職業紹介の役務提供の報酬として相手方から対価を得ることを意味するが、これに限られず、相手方以外の第三者が当該役務提供の報酬として支払う場合も含む。例えば、市町村が認可保育園の保母の職業紹介を職業紹介事業者に委託し、市町村がその対価として委託費を支払う場合、当該職業紹介事業者は有料職業紹介事業者である。

　有料職業紹介事業者は、厚生労働大臣の許可を受けなければならない（職安30条 1 項）。

　有料職業紹介事業者の許可基準としては、資産要件（原則として、 1 事業所につき500万＋預貯金150万円）のほか、個人情報の必要な措置、職業紹介事業を適正に遂行することができる能力の確保が定められている（職安31条、業務運営要領第 3 の 2 ）。また、禁固以上の刑に処せられた者、職安法等に違反

した者等は許可を受けられない（欠格事由、職安32条）。

(2)　無料職業紹介事業

　無料職業紹介事業とは、職業紹介に関し、利潤を得ることを目的としないだけではなく、いかなる名義でも、手数料又は報酬を受けないで行う職業紹介事業をいう（職安 4 条 2 項）。

　無料職業紹介事業者は、厚生労働大臣の許可を受けなければならない（職安33条 1 項）。ただし、無料職業紹介事業者の中でも、学校等や特別の法人（商工会議所など）が職業紹介事業を行う場合、厚生労働大臣への届出だけでよい（職安33条の 2 第 1 項、33条の 3 第 1 項）。

(3)　地方公共団体の行う無料職業紹介

　地方公共団体は無料の職業紹介事業を行うことができる（職安29条 1 項）。職安法29条 1 項に基づき職業紹介を行う地方公共団体を「特定地方公共団体」という（同 4 条 8 項）。特定地方公共団体は無料職業紹介を行う旨を厚生労働大臣に通知しなければならない（同29条 2 項）。

4.　有料職業紹介事業者の義務

　有料職業紹介事業者が求人者との間で締結する契約（職業紹介契約）は、求人者と求職者との間の雇用契約の成立のために便宜を図り、求人者・求職者間の雇用契約成立を容易にさせることを内容とする準委任とみることができる（東京高判昭和41・5・10判時451号39頁）。

　有料職業紹介事業者が契約上負担する義務は、特約がない限り、約定した事務処理又は法律行為を善良の管理者の注意（善管注意義務）をもって遂行することである。善管注意義務とは、「自己のためにするのと同一の注意義務」と対比される概念であり、その内容としては「その地位にある、思慮分別のある通常の人が払う注意」をいうとされている。ここには、職業紹介の申込みに適した求職者情報の提供義務も含まれる。しかし、受任者の義務は、通常、求人者と求職者との間の雇用契約の成立のために便宜を図り、その成立を容易にすることに限られ、求職者の身元確認等の義務は負わない（前掲

東京高判昭和41・5・10）。そうはいっても、例えば求人条件とかけ離れた、あるいはこれを無視した紹介を行った場合（経理事務の経験者の募集に対し営業の経験者を紹介するような場合）や、免許・資格を要する職業（医師等）の求人についてその免許・資格を有するか否かを何ら確認せずに求職者の紹介を行った場合は、この義務違反として責任が生ずる可能性がある。

　また、職業紹介契約を結ぶことは、紹介した労働者が一定期間求人者の下で業務に従事することを、職業紹介事業者が契約上保証しているとまではいえない。ただし、職業紹介事業者は、紹介した労働者に対して2年間転職を勧誘してはならない（職業紹介事業者等指針第5の5(1)）。

5. 有料職業紹介事業のルール

(1) 職業紹介事業に係わる手数料の種類

　有料職業紹介事業者が受け取ることのできる報酬（手数料）は、大きくは、紹介手数料、受付手数料、その他の手数料に分かれる。さらに、紹介手数料は上限制手数料、届出制手数料に分かれ、その他の手数料は求職者手数料、第2種特別加入保険料に分かれる（職安32条の3、職安施行規則20条）。職業紹介事業者はこれ以外の手数料を徴収することができないだけではなく、これらの手数料徴収についても厳格な規制が存在する。

(2) 求職者（労働者）からの手数料徴収禁止の原則

　有料職業紹介事業は原則として求職者から紹介手数料を徴収してはならない（求職者からの手数料徴収禁止。職安32条の3第2項本文）。

　ただし、求職者から徴収することが当該求職者の利益のために必要であると法令で認められる一定の場合に限って手数料を求職者から徴収することができる（職安32条の3第2項但書）。これを「求職者手数料」という。ただし、求職者手数料は上限制手数料を採用する場合だけに認められる。届出制においては併用できない。

　求職者から手数料を徴収することができるのは、芸能家（映画、寄席、劇場等で音楽、演芸その他芸能を行う者）、モデル、経営管理者、科学技術者及び熟練技能者を職業紹介する場合である（職安施行規則20条2項）。徴収が認めら

れる理由は、芸能家、モデルなどの職業については、国内外を問わず、求職者が自ら費用を払って良好な就業機会を探索することが慣例となっているからである。

　また、「経営管理者」「科学技術者」及び「熟練技能者」の職業に係る求職者については、日本では必ずしも高給な経営者等の移動が行われるとはいえないが、海外では実績のある経営者のヘッドハンティング、スカウトは広く行われていることから、高給な経営者・技術者等に限って求職者手数料を認めた。高給な経営者を定義することは容易ではなく、紹介により就職したこれら職業に係る賃金の額が年収700万円又はこれに相当する額を超える場合というように、所得の水準で決めている（業務運営要領第 6 の 1 (5)）。

(3)　受付手数料

　求人の申込みを受理した場合は、求人者から一定額を限度として受付手数料を徴収することができる。また、芸能家、家政婦（夫）、配ぜん人、調理士、モデル又はマネキンの職業に係る求職者から求職の申込みを受理した場合は、当分の間、1 件につき一定額を限度として、求職者から受付手数料を徴収することができる（職安施行規則制定附則 4 項）。これらは上限制手数料を採用する場合だけに認められる。届出制においては併用できない。

(4)　求人者（企業）からの紹介手数料

　有料職業紹介事業者は、求人者から①届出制手数料（職安32条の 3 第 1 項 2 号）又は②上限制手数料（同項 1 号）のいずれかの方法により紹介手数料を徴収することができる。実務では、届出制手数料が圧倒的に多く、上限制紹介手数料は一部の伝統的職業でみられるのみであり、減少傾向にある。

　(a)　**届出制手数料**　　届出制手数料は、あらかじめ厚生労働大臣に届け出た手数料表（手数料の種類・額、その他手数料に関する事項を定めた表をいう）の範囲で自由に定めることができる。

　所定の届出制手数料届出書により厚生労働大臣に届け出ることが必要である（職安施行規則20条 5 項）。この場合の手数料の額に上限はない。医師などの紹介の場合は、医者の年収の20～30％が手数料とされるのが普通

である。

　手数料の徴収時期は、求人申込みを受理した時以降徴収することができる。

　(b)　**上限制手数料**　　上限制手数料については、紹介手数料の上限が定められ、上限は、支払われた賃金額（6ヶ月分）の11.0％（免税事業者にあっては10.3％）に相当する額とされている（職安施行規則別表20条関係）。

　同一の事業主に6ヶ月を超えて雇用された場合は、6ヶ月分の賃金の11.0％が上限となる。

　同一の事業主に期間を定めず雇用された場合は、以下のいずれかで大きい額が上限となる。①6ヶ月間に支払われた賃金の11.0％に相当する額（免税事業者にあっては10.3％）、または②6ヶ月間の支払われた賃金からボーナスを除いた額の14.8％に相当する額（免税事業者にあっては13.9％）。

　徴収時期は、徴収の基礎となる賃金が支払われた日以降徴収することができる。

　上限制の下で、当事者が職業紹介契約において上限手数料の制限を超えた手数料を定めた場合、上限を超えた部分は無効となる。したがって、職業紹介事業者は、上限手数料の上限にあたる手数料だけを請求することができる（前掲東京エグゼクティブサーチ事件最高裁判決）。

(5)　取扱禁止職業と取扱職種の範囲

　有料職業紹介事業者は、港湾運送業務に就く職業、建設業務に就く職業等を求職者に紹介してはならない（職安32条の11第1項）。

　有料職業紹介事業者等は、その有料の職業紹介事業において取り扱う職種の範囲その他業務の範囲（これを「取扱職種の範囲等」という）を定めたときは、これを厚生労働大臣に届けなければならない（職安32条の12第1項）。職安法5条の5に定める受理原則は、取扱職種の範囲に限って適用される（職安32条の12第2項）。

(6)　職業紹介責任者等

　有料職業紹介事業者は、以下の事項を統括管理するために、職業紹介責任

者を選任しなければならない（職安32条の14）。統括管理する事項とは、①求人者・求職者から申出を受けた苦情の処理、②求人者及び求職者の個人情報の管理に関すること、③求人・求職の申込みの受理、求人者・求職者に対する助言、指導その他業務の運営及び改善に関する事項、④職業安定機関との連絡調整に関することである。

　有料職業紹介事業者は、その業務に関して、厚生労働省令で定める帳簿書類を作成し、事業所に備え置かなければならない（職安32条の15）。

第3節　労働者の募集と募集情報等提供事業

1. 労働者募集

　労働者の募集は、労働者を雇用しようとする者（求人企業）が自ら又は他人に委託して、労働者となろうとする者に対して、その被用者となることを勧誘することをいう（職安4条5項）。労働者の募集を行う者（求人企業）から労働者の募集の委託を受ける者を募集受託者という。労働者の募集は、①文書募集、②直接募集、③委託募集に分かれる。文書募集とは、求人企業が労働者を募集する旨の広告を新聞、雑誌その他の刊行物に掲載することなどにより労働者を募集することをいう。直接募集とは、求人企業が、自社のホームページなど文書募集以外の方法で直接労働者に働きかけて応募を勧誘し、又は求人企業の被用者が求人企業の指示により求人企業のために直接労働者に働きかけて募集することである。文書募集、直接募集は原則として自由に行うことができる。

　委託募集とは、求人企業が、その被用者以外の者を有償で労働者の募集に従事させる形態で行われる募集である。例えば、新聞取次店が労働者を雇用しようとして、新聞社にその社員の募集を委託し、新聞社が自らの名前で、取次店のために労働者の募集を行うような場合を指す。

　戦前期において、労働者の募集を業とする者が広く活動し、労働者の無知に乗じ、労働者保護の面での弊害が多かった。そこで、職安法は、特に委託

募集の場合、求人企業に対して許可の取得を義務付けている（職安36条1項）。

　また、職安法は、求人者・募集受託者に対して、一定の義務を課している。委託の報酬額はあらかじめ厚生労働大臣の認可を受けなければならない（職安36条2項）。求人企業及び募集受託者は、募集に応じた労働者から、その募集に関して、いかなる名義でも報酬を受けてはならない（報酬受領の禁止、職安39条）。

2. 募集情報等提供事業

(1) 募集情報等提供事業の概念

　労働者の募集を行う者（求人企業）又は募集受託者が、求職者の募集に行う際に、募集情報の提供をこれを営む求人メディア事業に委ねることが多い。また、求職者も仕事を選択する際、新聞、雑誌などの求人情報媒体を用いた求人情報が大きな役割を果たしてきた。

　求人企業、募集受託者の依頼を受けて、求職者に求人に関する情報を提供したり、他方で、求職者の依頼を受けてその情報を求人企業等に提供することを募集情報等提供という（職安4条6項）。そして、募集情報等提供を行う事業を募集情報等提供事業という。典型的には、求人企業から求人情報の提供を受け、これを求職者に提供する求人メディアが募集情報等提供事業者に当たる。具体的には、新聞社（新聞にいわゆる3行広告を掲載している）、雑誌を発行する出版社、折込求人誌・有料求人情報誌を発行する広告会社、インターネット上に求人サイトを運営する会社などである。

(2) 募集情報等提供事業者の責務

　職安法は、求人情報の責任を主として求人者に負担させ、求人者に許可の取得を義務付けているが、募集情報等提供事業者には許可・届出を課さず、自由に事業活動を行うことができるようにしている。

　確かに、求人情報の第1次責任は求人情報を提供した求人者に存在する。しかし、誤った求人情報や故意に事実と異なる情報を提供することは、求職者に重大なトラブルをもたらすだけではなく、労働市場そのものの混乱をもたらす。そうしたことから、求人者だけではなく、募集情報等提供事業者に

も求人情報の的確性を担保する責務があるとみるべきであろう。

　日本コーポ事件・最判平成元・9・19裁判集民157号601頁は、広告掲載に当たり広告内容の真実性を予め十分に調査確認した上でなければ新聞紙上にその掲載をしてはならないとする一般的な法的義務が新聞社等にあるとはいえないが、広告内容の真実性に疑念を抱くべき特別の事情があって、読者らに不測の損害を及ぼすおそれがあることを予見し、又は予見し得た場合には、真実性の調査確認をして虚偽広告を読者らに提供してはならない義務があるとしている。

　求人情報の的確性を担保するために、求人者は、新聞、雑誌その他の刊行物に掲載する広告、文書の提出又は頒布などにより、募集に係る従事すべき業務の内容を明示するに当たっては、誤解を生じないように平易な表現を用いる等の的確な表示に努めなければならない（職安42条1項）。同時に、募集情報等提供事業も、求人者等の依頼を受けて求人情報を提供する場合、その情報が的確に表示されるよう、求人企業に対し必要な協力を行うよう努めなければならない（同条2項）。求人企業は労働条件を明示しなければならないが、募集情報等提供事業者も、これらの事項が求人企業に遵守されるよう、留意することになる（職業紹介事業者等指針第3の2）。

　さらに、募集情報等提供事業者は、「募集情報」が、①公衆衛生又は公衆道徳上有害な業務に就かせる目的の募集情報、②その内容が法令に違反する募集情報、③実際の従事すべき業務の内容等と相違する内容を含む募集情報のいずれかに該当すると認めるときは、当該募集情報を変更するよう求人者に依頼するとともに、求人者がこの依頼に応じない場合は、募集情報の提供をしない等適切に対応することが責務とされている（職業紹介事業者等指針第3の2(1)）。

　募集情報等提供事業者は、求人者の承諾を得ることなく募集情報を改変して提供してはならない（職業紹介事業者等指針第3の2(3)）。

　また、募集情報等提供事業者は、労働者の適切な職業選択に資するため、その業務の運営に当たっては、その改善向上を図るために必要な措置を講ずるように努めなければならない（職安42条の2）。必要な措置とは、①苦情の処理、②個人情報の保護、③募集に応じた労働者からの報酬の受取り禁止、

④労働争議への介入禁止をいう。

(3) 行政による指導・助言

　厚生労働大臣は、職安法の施行に関し必要があると認めるときは、募集情報等提供事業者に対し、その業務の適正な運営を確保するために必要な指導及び助言をすることができる（職安48条の2）。行政庁は、この法律を施行するために必要な限度において、厚生労働省令で定めるところにより、募集情報等提供事業者に対し、必要な事項を報告させることができる（同50条1項）。

募集情報等提供事業者と自主規制

　募集情報等提供事業者には法令上、許可取得は義務付けられていないが、求職者が安心して選べる求人情報の質の向上を図るために、募集情報等提供事業者による自主規制がなされている（求人情報適正化推進協議会「求人情報提供ガイドラインと適合メディア宣言制度」）。

第4節　労働者供給事業

1. 他人の労務を提供する事業

　職業紹介事業、労働者募集受託者、募集情報等提供事業は、労働者との間に雇用関係は生じない。あくまでも、仲介を行うだけである。これに対して、これから紹介する労働者供給事業、労働者派遣事業は、労働者に仕事を仲介するだけではなく、各事業者と労働者との間に雇用関係又は支配関係が存在する。その面からいうと、これらは、他人（労働者）の労務を第三者（派遣先又は供給先）に利用させるサービスである。

　求人企業（労働者を使用する者）は、労働者供給事業、労働者派遣事業を通じて、雇用関係にない労働者の労務の提供を受けるところから、契約上の雇用関係・支配関係と実際の使用関係の分離が生ずる。こうした「雇用と使用の分離」が生ずる雇用を「間接雇用」という。

　使用者は雇用関係にある労働者から直接労務の提供を受けるのが通常の形態であり、また、使用者が労働者の雇用責任を負担するのが本来の姿であるから、間接雇用の特性をもつ労働者供給事業、労働者派遣事業に対して、法はより厳格な規制を加えている。

2.　労働者供給事業の意義

　労働者供給とは、供給契約に基づいて労働者を他人の指揮命令を受けて労働に従事させることをいう。ただし、労働者派遣法に定める労働者派遣事業に該当するものは除かれる（職安 4 条 7 項）。

　労働者供給の基本的特徴は、労働者と支配関係にある供給元が、その支配関係にある労働者を第三者（供給先）に供給し使用させたり、雇用関係にある労働者を第三者に供給し、第三者と労働者との間に雇用関係があることにある（図 7・8 参照）。このため、労働者にとって、誰が雇用責任を負うのかあいまいになる。

　労働者供給の関係を図示すると次の通りである。

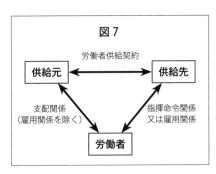
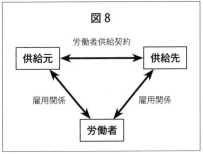

3.　労働者供給事業の原則禁止

　労働者供給事業は、戦前において人夫周旋業とか、労務請負業と呼ばれ、封建的な労働関係の温床であった。これらは、臨時的な作業、危険作業又は常用労働者が忌避するような作業のために、供給先の求めに応じて供給元所属の労働者を供給して、労働者に供給先の指揮命令を受けて就業させることを業とするもので、かつては、土建、荷役、炭坑・鉱山関係の作業に多かっ

た。

　労働者供給事業は、歴史的に、求職者と求人企業との間に介在して中間搾
取を行い、雇用の不安定や、使用者としての責任の不明確性といった弊害を
招くものと指摘されてきた。

　労働者供給事業に対しては、戦前において、既に「労務供給事業規則」
（1938年）によって規制がされていた。しかし、これを禁止することはなかっ
た。それが、戦後のアメリカ対日労働政策が右翼団体の温床であったレイバ
ーボスの禁止を重要な柱とすることによって、GHQ（連合国軍最高司令官総司
令部）の主導で全面的禁止へと転換する。

　こうした歴史的背景から、職安法44条は、労働者供給事業を原則禁止して
いる。すなわち、労働者供給事業においては、労働者供給事業を行う者の一
方的な意思によって、労働者の自由意思を無視して労働させる等のいわゆる
強制労働の弊害や、支配従属関係を利用して本来労働者に帰属すべき賃金を
はねるといういわゆる中間搾取の弊害が生じるおそれがあるからである。

　ただし、労働組合法により資格が認められた労働組合が厚生労働大臣の許
可を受けて無料の労働者供給事業を行う場合（職安45条）は例外的に許され
ている。

職安法44条の趣旨

　学説は、民法625条が雇用契約上の権利義務の一身専属性を規定しているこ
とも合わせて、企業が外部から労働力を調達することを一般的に禁止する趣旨の
もの、すなわち、直用原則を規定したと解するものが多かった。職安法44条は、
確かに、その導入当初には立法者は直用主義を基本政策としていたが、それは
1952年の改正職安法施行規則が、社外工などの第三者労働力の供給形態を認め
るに至り、政策としての直用主義を一部放棄している。さらに、1985年に、労
働者派遣事業が、労働者供給事業から切り分けられ、その活動が容認されたこと
により、現在では、直用主義を法原則とすることはできない。

　思うに、職安法44条の趣旨は、直用原則を定めたものではなく、労働力の利
用者（供給先）が第三者（労働者）の労働力を利用しながら、雇用主としての責
任を回避することを禁止する規定と解するべきである。

4.　労働組合が行う労働者供給事業

　労働組合は、厚生労働大臣の許可を受けた場合、無料の労働者供給事業を
行うことができる（職安45条）。ここでいう労働組合とは、労働組合法2条、
5条2項所定の資格要件を満たした、いわゆる法適合組合をいう。

　労働組合が行う労働者供給事業は、無料職業紹介事業に関する規定が準用
される（職安46条）。

　労働組合が行う労働者供給事業の活動については、厚生労働省は「労働者
供給事業業務取扱要領」で詳しく規定している。

第5節　労働者派遣事業

1.　労働者派遣法の目的と歴史

　労働者派遣法1条は、その目的を、①職業安定法と相まって労働力の需給
調整を図りながら、労働者派遣事業の適正な運営を確保し、②派遣労働者の
保護等を図ることによって、派遣労働者の雇用の安定その他福祉の増進に資
することにあるとしている。

　1985年に、労働者派遣法は、労働者派遣事業が労働力の需給調整機能を果
たすことから、これを労働者供給事業から切り分け、一定の条件の下に容認
した。制定時の派遣法は、登録型派遣を中心とした一般労働者派遣事業には
許可制、いわゆる常用型派遣だけを行う特定労働者派遣事業には届出制をと
り、また、常用雇用との代替のおそれが少ないとされる一定の専門的業務等
に限って労働者派遣事業を認めた（これを「ポジティブリスト方式」という）。
しかし、1999年の改正派遣法は、専門的業務以外の業務についても労働者派
遣事業を原則自由化し、建設業務など一部の業務だけを禁止した（これを「ネ
ガティブリスト方式」という）。一方で、常用代替防止を図るために、自由化業
務（1999年改正により新たに派遣することが認められた業務）について、派遣先の
同一業務につき、派遣受入可能期間を原則1年に制限した（その後、最長3年

まで延長可能となった）。

　この結果、派遣労働は、派遣受入可能期間に制限がない専門26業務の派遣（いわゆる「専門職型派遣」）と、派遣可能期間が最長 3 年に限定される専門26業務以外の派遣（いわゆる「テンポラリーワーク型派遣」）に区分されることになった。その結果、派遣労働は、常用型派遣と登録型派遣及び専門職型派遣とテンポラリーワーク型派遣の 4 種類に分類され、それぞれに異なった規制が加えられることになった。

　その後、2008年のリーマン・ショックをきっかけに行われた派遣切り、偽装請負などが社会的に大きく指弾され、2012年に、派遣法は、法律名に「労働者の保護」を加えて、一層の労働者保護を強化し、違法に派遣労働者を受け入れた派遣先について労働契約申込みみなし制度を導入する。その際、国会の衆参厚生労働委員会は、専門26業務とそうではない業務で派遣期間制限を異にする方式が関係者に混乱をもたらすことから、その見直しを求める附帯決議を付すことになる。

　そこで、2015年改正は、専門26業務とそれ以外という区分を撤廃し、派遣元が派遣労働者を無期で雇用する場合などの例外を除いて、原則として労働者派遣に上限 3 年の受入期間制限を設けた。

　他方で、期間制限について、新たに、派遣労働者個人単位と派遣先事業所単位に規制を分け、個人単位では、一定の組織的統一性がある単位（例えば、課）ごとに、同一の派遣労働者の派遣は 3 年を上限とすることになる。

　また、同改正は、労働者派遣事業について一般労働者派遣事業（登録型＝許可制）と特定労働者派遣事業（常用雇用型＝届出制）の区分を廃し、全ての労働者派遣事業を許可制の下に置き、派遣労働者の処遇の改善のために、均衡待遇を強化し、派遣労働者に対するキャリアアップ措置を講ずることを派遣元に義務付けている。

　さらに、2019年の働き方改革の一環として、派遣労働者の処遇について派遣先の正社員との均等待遇原則が導入されることになった。

2. 労働者派遣法の意義

　労働者派遣法の意義は、労働者派遣事業の役割、日本の雇用慣行との調整

（常用代替防止）、派遣労働者の保護の3つの観点からみなければならない。

(1) 労働者派遣事業の役割

　労働者派遣事業の役割は、まずもって、労働力の円滑な需給調整を促進し、就業機会の拡大に資するところにある。技術革新の急速な進行、国際的な競争の激化、サービス産業の拡大などにより、専門的な技能・技術を有する労働者への需要及び労働力の臨時的・一時的な需要が一層強まっている。他方で、供給側においても、若年者、高齢者、女性労働者など労働者の就業意欲は多様化し、伝統的なフルタイム・無期雇用だけではその多様化したニーズに十分に対応し得ない。労働者派遣事業は、こうした多様なニーズに応える需給調整機関としての役割を果たすところに、その意義がある。

　制定当初の派遣法は、企業が専門的業務を遂行し得る労働力の確保手段として労働者派遣事業を位置付けていたが、1999年改正は対象業務を原則自由化し、臨時的・一時的な労働需要に向けた職業仲介事業として位置付けられた。

　2015年改正法は、「派遣就業は臨時的かつ一時的なものであることを原則とするとの考え」と条文に規定することにより（派遣25条）、労働者派遣事業が、臨時的・一時的な労働需要に応え、かつ、こうした働き方を希望する労働者に職業を仲介する事業であることを明記したのである。

(2) 常用代替防止

　労働者派遣法の第2の意義は、労働者派遣事業の制度化に当たって、日本における雇用慣行との調和に留意し、常用雇用の代替とならないよう十分に配慮したところにある。

　労働者派遣法の立法に当たっては、常用労働者の雇用の安定と労働条件が損なわれないように配慮する必要から、新規学卒者を常用雇用として雇い入れ、企業内でキャリア形成を図りつつ、昇進、昇格させるという日本の雇用慣行との調和が図られた。これを踏まえ、派遣法は、派遣労働者を常用労働者と代替させないこと（いわゆる「常用代替防止」）を法政策の基本とした。

　もっとも、常用代替防止の実現の方法については、制定当初から現在に至

るまで大きく変容してきた。制定当初は、労働者派遣を行うことのできる業務の数を一定に制限することにより、常用代替防止を図っていたが、1999年改正により、派遣先における派遣労働者の受入期間を制限することにより、常用代替防止を図ることとした。すなわち、労働者を派遣し得る対象業務の専門性等に着目し、いわゆる専門26業務と26業務以外に分け、専門26業務の派遣には派遣可能期間の制限をおかず、26業務以外には同一業務の派遣について最大3年間の期間制限を設けた。

　これに対して、2015年改正法は、専門26業務とそれ以外という規制の区分を廃止し、派遣労働の利用を臨時的・一時的な労働需要に対応した働き方（テンポラリーワーク）に限定し、全ての派遣に3年間の受入期間制限を設けた。その上で、期間制限について個人単位と事業所単位に分けて、各々に対して派遣可能期間の制限をしている。

(3) 派遣労働者の保護

　派遣労働者の労働条件は、基本的に派遣元との労働契約により決定されるのであるが、実質的には、派遣先・派遣元間の労働者派遣契約の契約内容によって制約される。派遣労働者の処遇の改善を考える場合、派遣労働のこうした特殊性を考慮する必要がある。派遣先・派遣元の関係は民事契約関係であり、最低賃金、解雇規制等の労働法令の適用はない。こうした特殊性の中で、派遣法は、派遣労働者の保護のために、独自の仕組みを設けている。

　まず第1に、派遣法は、派遣労働者・派遣元・派遣先という3者関係の下で、派遣労働者の就業に関する条件を適正に整備するため、派遣元との雇用関係のみならず、民事契約関係である派遣先との労働者派遣契約にも一定の規制を加えている。

　第2に、派遣法は、派遣労働者の雇用の安定を図るために、派遣元に対し雇用安定措置を義務付け、派遣労働者の待遇を確保するために、派遣先の労働者との均衡を考慮して待遇を決定するよう配慮する義務を課している。

　第3に、派遣労働者の待遇を向上させるために、派遣先社員との均等・均衡待遇の原則（いわゆる同一労働・同一賃金の原則）を定めた。

　第4に、派遣労働者は、派遣先にとっては自社の雇用する労働者ではない

ことから、就業場所である派遣先での職業訓練等がなされない場合があるなどキャリアアップが難しい面があることから、派遣法は、派遣元に対してキャリアアップのための段階的、体系的な教育訓練等を義務付けている。

3.　労働者派遣の概念と類似の就業形態

(1)　労働者派遣の概念

　労働者派遣とは「自己の雇用する労働者を、当該雇用関係の下に、かつ、他人の指揮命令を受けて、当該他人のために労働に従事させることをいい、当該他人に対し当該労働者を当該他人に雇用させることを約してするものを含まないもの」をいう（派遣2条1号）。

　これによれば、労働者派遣は、

　①自己の雇用する労働者を、当該雇用関係の下に、

　②他人（派遣先）の指揮命令を受けて、派遣先のために労働に従事させ、

　③労働者を派遣先に雇用させることを約してするものを含まない、

　という3点を要件としている。

　派遣労働者とは、派遣元事業主が雇用する労働者であって、労働者派遣の対象となるものをいう。労働者派遣事業とは、「労働者派遣を業として行うこと」をいい、派遣元事業主ともいう。派遣先とは、労働者派遣契約に基づいて、派遣元事業主から労働者派遣の役務の提供を受ける者をいう。

　労働者派遣は、求職者に継続的に雇用機会を提供するという職業仲介サービスという側面と、派遣労働者が派遣元事業主（以下では派遣元）との雇用関係を維持しながら、派遣先の指揮命令を受けて派遣先のために労務を提供する就業形態という側面（派遣労働）、さらに、労働者を派遣して派遣先から派遣料金を受け取るという事業という側面の三面性をもっている。

　派遣元と派遣労働者の間には雇用関係が存在するが、労働者派遣法は、この雇用関係が無期である場合を無期雇用派遣、有期である場合を有期雇用派遣として区別している（図9・10）。

　労働者派遣事業とは、労働者派遣を業として行うことをいう。「業として」とは、職業紹介事業や各種の事業法における解釈と同様であるが、反復継続の意思をもって当該行為を行うことをいい、1回限りの行為であっても反復

継続の意思をもって行われれば事業性が認められる。

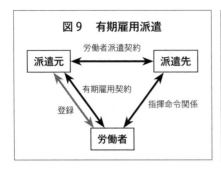

図9　有期雇用派遣

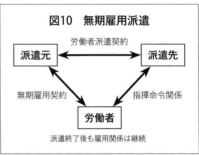

図10　無期雇用派遣

(2)　労働者供給事業との違い

　労働者派遣は、労働者供給事業からこれを抜き出して定義されたものである。そこで、労働者供給との違いが問題となる。労働者派遣と対比した場合、労働者供給は本章第4節の図7・8に示す通りである。

　供給契約に基づいて労働者を他人の指揮命令を受けて労働に従事させる場合のうち、供給元と労働者との間に雇用関係がないものについては、全て労働者供給に該当する。例えば、図11の二重派遣のように、派遣元事業主が別の派遣元事業主から受け入れた派遣労働者をさらに第三者に派遣する場合、当該派遣元事業主（派遣先B）と派遣労働者には雇用関係がないので、この行為も労働者供給となる。

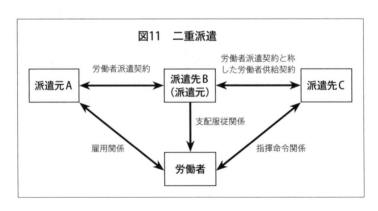

図11　二重派遣

⑶　請負事業との違い

　請負事業とは、請負等の契約により行う業務に自己の雇用する労働者を従事させる事業であって、昭和61年労働省告示37号（派遣請負区分基準）などで定める一定の要件を充足する事業をいう。

　真正の請負事業では、発注者と請負労働者との間に指揮命令関係が生じない（図12）のに対し、労働者派遣では派遣先と派遣労働者との間に指揮命令関係が生ずる。

　これに対して偽装請負とは、形式上は請負等の労働者派遣契約以外の契約を締結しながら、その履行の実態が労働者を第三者（発注者）に使用させる場合をいう（図13）。労働者を第三者に使用させるとは、発注者と請負労働者との間に指揮命令関係が生じている場合（実質的な労働者派遣）又は雇用関係が生じている場合（実質的な労働者供給）をいう。

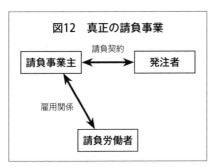

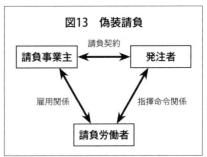

⑷　偽装請負の法律関係

【事例】　Xは、平成16年1月20日に家庭用電気機械器具の製造業務を請け負うA社と、契約期間2ヶ月（更新あり）、就業場所をプラズマディスプレイパネル（以下ではPDPという）を製造するY社のI工場とする雇用契約を締結した。Xは、Y社（派遣先）とA社（派遣元）との請負契約（期間2ヶ月）に基づきI工場に派遣され、同日からPDP製造の封着工程に従事していた。I工場では、Xは、作業工程においてはY社従業員である工程管理者とこれを補佐する現場リーダーから直接に指示を受け、Y社従業員および他の会社からの従業員と混在して共同で作業していた。A社はY社との業務委託契約の終了によりXを雇止めした。そこで、Xは、Y社に対

して黙示的に雇用契約が成立していることの確認と賃金の支払を請求した。なお、Y社は、労働者の採用に関与せず、労働者の賃金等もA社が、その就業規則により独自に決定していた。

ここでは、①上記請負契約による労働者の供給が派遣法上の労働者派遣（偽装請負）に該当するか、②仮に偽装請負だとした場合、XとA社との間の雇用契約が無効となるか、③偽装請負の場合、XとY社の当事者間に黙示的に雇用契約が成立したといえるかが、争点となる。

この事例において、パナソニック・プラズマディスプレイ（パスコ）事件・最判平成21・12・18民集63巻10号2754頁は、次のような判断を行っている。

まず①について、当事者の契約が形式的には請負契約であっても、「請負人による労働者に対する指揮命令がなく、注文者がその場屋内において労働者に直接具体的な指揮命令をして作業を行わせているような場合には」、注文者と労働者との間に雇用契約が締結されていないのであれば、上記事例の3者間の関係は、労働者派遣法2条1号にいう労働者派遣（偽装請負）に該当すると解すべきである。

次に②について、上記の場合、労働者派遣法の規定に違反していたとしても、「労働者派遣法の趣旨及びその取締法規としての性質、さらには派遣労働者を保護する必要性等にかんがみれば」、特段の事情のない限り、そのことだけによっては派遣労働者と派遣元との間の雇用契約が無効になることはないと解すべきである。

最後に③について、「Y社はA社によるXの採用に関与していたとは認められないというのであり、XがA社から支給を受けていた給与等の額をY社が事実上決定していたといえるような事情もうかがわれず、かえって、A社は、Xに本件工場のデバイス部門から他の部門に移るよう打診するなど、配置を含むXの具体的な就業態様を一定の限度で決定し得る地位にあったものと認められるのであって、前記事実関係等に現れたその他の事情を総合しても、——Y社とXとの間において雇用契約関係が黙示的に成立していたものと評価することはできない。」とした。

4.　労働者派遣事業の規制

⑴　労働者派遣が禁止されている業務

　労働者派遣事業は、港湾運送業務、建設業務、警備業務その他政令で定める業務（現在では医療業務）について行うことが許されない（派遣4条1項）。建設・港湾運送業においては昔から偽装請負及び違法な労働者供給が行われていたために、禁止業務とされている。警備業務は業務の特殊性から、また医療業務はチーム医療の観点から間接雇用に適さないとされている。

⑵　日雇派遣の原則禁止

　雇用期間が30日未満の派遣（日雇派遣）は、雇用期間がごく短期であるために、派遣元・派遣先において雇用管理をすることが困難であり、また、派遣元が派遣労働者から不当な理由で賃金を控除したことが社会的に問題となったために、2012年改正から禁止されている（派遣35条の4）。

　ただし、いわゆる専門26業務のうち施行令4条1項が規定する業務及び60歳以上の高年齢者、一定以上の年収のある者などについては、例外的に日雇派遣をすることが許されている。

⑶　グループ企業内派遣の8割規制

　労働者派遣事業の意義は、労働力の需給調整機関として有効に機能するところにあるが、派遣先のほとんどが同一グループ企業である場合、派遣元は労働力の需給調整機関というよりも、むしろ同一グループ内の人事部のような役割を果たしているといえよう。そこで、2012年改正法は、同一グループ内の企業への派遣の割合が、当該派遣元に属する全ての派遣労働者の総労働時間のうち8割を超えることを禁止した（派遣23条の2）。

⑷　離職者の1年以内の労働者派遣の禁止

　派遣先企業を離職した者を派遣労働者として当該派遣先に派遣することは、派遣先企業における常用職場の削減をもたらすおそれがある。そこで、2012年改正法は、労働者派遣を行う場合、派遣元は、派遣先を離職して1年を経

ていない者を当該派遣先に派遣してはならないと規定している（派遣35条の5）。また、派遣先も離職して1年を経ていない者を派遣労働者として受け入れてはならない（派遣40条の9）。

5. 労働者派遣事業の許可

労働者派遣事業を行う者は、厚生労働大臣の許可を受けなければならない（派遣5条1項）。許可の有効期間は許可の日から起算して3年であるが、更新を受けた後にされる許可は5年である（同10条）。また、厚生労働大臣は、法7条1項に定める許可基準に適合しなければ許可してはならない（詳細は、派遣事業関係業務取扱要領第3の1(8)参照）。

許可基準

　⑴　専ら特定の者への派遣を目的として行われないもの
　⑵　派遣労働者の雇用管理を適正に行うことのできる能力を有するもの
　　　具体的には、①派遣労働者のキャリア形成支援制度を有すること、②無期雇用派遣労働者を派遣契約終了のみを理由として解雇できる規定がないこと、③派遣終了後、使用者の責めに帰すべき事由により休業させた場合、労基法26条の休業手当を支払う規定があること、④雇用安定措置を実施せずに、それを都道府県労働局から指導され、是正していないこと等である。
　⑶　個人情報の適正な管理体制を有するもの
　⑷　事業を的確に行うに足りる能力を有するもの
　　　①資産総額から負債を控除した額（基準資産額）が「2000万円×事業所数」以上であり、現預金額が「1500万円×事業所数」であること。②事業所面積が概ね20㎡以上であること

　　　　　　　　　　　　　　　　　　　　　　　　　　　　　が求められる。

厚生労働大臣は、許可の欠格事由（派遣6条）が存在するとき、労働者派遣法又は職業安定法の規定に違反したり、規定に基づく命令若しくは処分に違反したとき、許可に付された条件に違反したとき、許可を取り消すことができる（派遣14条）。

6. 派遣可能期間の制限

　2015年改正法は、従来の業務単位の派遣期間制限を廃し、新たに、事業所単位と個人単位の派遣期間制限を導入した[2]。

⑴　事業所単位の期間制限

　派遣先の同一の事業所に対して派遣できる期間（派遣可能期間）は、原則3年が上限となる。したがって、派遣先は同一事業所で複数の派遣労働者を受け入れた場合、いずれの派遣労働者も、最初に派遣労働者を受け入れたときから3年間しか用いることはできない（派遣40条の2第1・2項）。

　ただし、派遣先が、当該事業所における過半数組合又は過半数代表者から意見を聴取した場合は、3年を超えて派遣期間を延長することができる。延長期間が経過した場合に、同じく意見聴取すればさらに延長することができる（派遣40条の2。図14参照）。

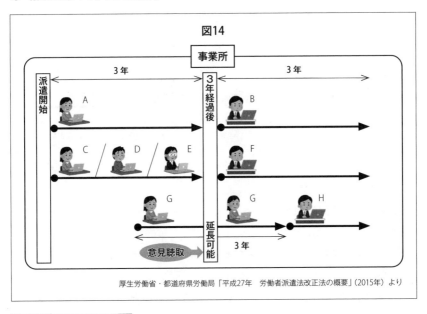

厚生労働省・都道府県労働局「平成27年　労働者派遣法改正法の概要」（2015年）より

　2　派遣可能期間制限の導入の経緯及び趣旨については、鎌田耕一・諏訪康雄『労働者派遣法』（三省堂、2017年）100-104頁（竹内寿）参照。

(2) 個人単位の期間制限

　同一の派遣労働者は、派遣先の事業所における同一の組織単位ごとに、3年間を限度として受け入れることができる。同一の組織単位とは、課、グループ等の業務として類似性や関連性がある組織であり、かつ、その組織の長が業務の配分や労務管理上の指揮監督権限を有するものであって、派遣先における組織の最小単位よりも一般に大きな単位を想定している（派遣40条の3）。

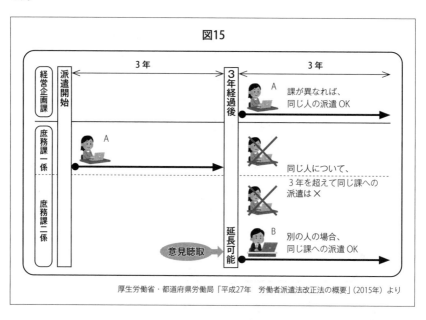

図15

厚生労働省・都道府県労働局「平成27年　労働者派遣法改正法の概要」(2015年) より

(3) 期間制限の例外

　次の場合は期間制限の例外となり、(1)、(2)で述べた受入期間制限がない（派遣40条の2第1項）。

　　①派遣元事業主に無期雇用される派遣労働者を派遣する場合

　　②60歳以上の派遣労働者の派遣の場合

　　③終期が明確なプロジェクト業務に派遣する場合

　　④日数限定業務（1ヶ月の勤務日数が通常の労働者の半分以下で、10日以下のもの）の場合

⑤産前産後、育児休業、介護休業を取得する労働者の代替で派遣する場合

前記①の無期雇用派遣について受入期間制限を設けた理由は、無期雇用派遣については、派遣元との間で無期雇用関係にあることから、一定の雇用の安定が確保され、かつキャリアアップによる処遇の改善が期待されることから導入された。また、個人単位の期間制限により、これまで26業務に従事していた派遣労働者が 3 年で同一の派遣先での継続就労ができなくなるが、継続雇用を希望する派遣労働者に対して、無期雇用契約を結ぶことにより継続雇用が可能となるという効果も期待できる[3]。

7.　派遣労働者の保護等

⑴　派遣労働者の就業条件の整備

労働者派遣においては、派遣労働者・派遣元・派遣先の 3 者間に、労働者派遣の役務の提供を目的とした法律関係（労働者派遣関係）が形成される。しかしながら、派遣労働者の雇用主は派遣元であり、派遣労働者は派遣先との間に何ら契約関係を有しない。また、派遣元・派遣労働者間の労働契約は、派遣先・派遣元間の労働者派遣契約とは別個の契約であり、その間に法的な意味での結合はない。

こうした複雑な三面的関係においては、派遣労働者の適正な就業条件を確保するためには、単に派遣元だけに一定の措置を義務付けるだけでは十分ではない。派遣労働者の実際の使用者である派遣先にも一定の義務を課することによってはじめて適正な就業条件を確保することができる。

そこで、立法者は、派遣労働者の適正な就業条件を確保するために独特の仕組みを考案した。それは、労働者派遣契約に派遣労働者の主な就業条件（業務内容、始業・終業時刻、就業場所等）を記載させ（派遣26条）、次に、労働者派遣契約に定めた就業条件を派遣元が派遣労働者にあらかじめ明示する（派遣34条）という仕組みである。

派遣先は、労働者派遣契約を通じて、派遣労働者の就業条件を遵守する契

3　厚生労働省が2020年 6 月現在で集計した「労働者派遣事業報告書」によれば、派遣労働者数は約156万人で対前年比0.2％減少したが、このうち無期雇用派遣労働者数は61万人強となり、逆に対前年比10.9％増加した。

約上の義務を負い、また、派遣労働者は、派遣元から交付された書面に記載
された就業条件を認識することにより、当該派遣先における就業条件の確保
を行うことになる。

　もっとも、賃金などの労働条件は、派遣先とは別個に派遣元と派遣労働者
との間で、就業規則又は労働契約により独自に決定する。また、派遣料金も
また、派遣先・派遣元間で独自に合意する。したがって、労働者派遣関係に
おいては、派遣法が定める就業条件に関する取決めと派遣料金、賃金などの
派遣法26条所定外の契約事項とが、異なった規制に服することになる。

(2)　派遣元が講ずべき措置

　派遣法は、派遣労働者の雇用の安定を図り、良質な処遇を確保するために、
派遣元に一定の措置を講ずるよう公法上の義務を課している。

　　(a)　**派遣元による雇用安定措置**　　特定有期雇用派遣労働者等について、
派遣元は、①派遣先への直接雇用の依頼、②新たな就業機会（派遣先）の
提供、③派遣元事業主における無期雇用、④その他安定した雇用の継続が
確実に図られると認められる措置（具体的には紹介予定派遣、職業紹介、有給
での教育訓練等）のいずれかの措置（これを「雇用安定措置」という）を講ず
る義務を負う（派遣30条１項）。

　特定有期雇用派遣労働者とは、派遣先の事業所等における同一の組織単
位の業務について継続して１年以上派遣就業に従事する見込みの者をいう。

　法は、その中でも、同一の組織単位の業務に継続して３年間派遣就業に
従事する見込みのある者については、上記①から④の措置を講ずることを
派遣元に義務付けている（派遣30条２項）。これに対して、１年以上３年未
満の雇用見込みのある者については、努力義務としている。

　また、2015年改正法は、派遣元事業主に雇用された期間が通算して１年
以上である有期雇用派遣労働者及び派遣元事業主に雇用された期間が通算
して１年以上で、今後派遣労働者として期間を定めて雇用しようとする労
働者（いわゆる登録状態の者。特定有期雇用派遣労働者とこれらをまとめて「特定
有期雇用派遣労働者等」という）に対しても、派遣元事業主は前述の措置を
講じる努力義務を課している。

(b)　**派遣労働者のキャリアアップの推進**　　派遣労働は、通常の就職・転職活動を経た直接雇用と比較して、希望の職種や勤務地、勤務時間といった条件を満たす企業へ入職しやすいことが指摘されている。しかし、他方で、実際には、派遣という働き方がキャリアアップに十分活用されてきたとはいえない。

キャリアアップには、適切な教育訓練を受けることが効果的であるが、有期雇用派遣を中心として、派遣労働者に対し教育訓練等を行うインセンティブが派遣元事業主・派遣先双方に働きにくいため、教育訓練を促進するための何らかの仕組みを設けることが求められる。

また、派遣労働者が職業生活の全期間を通じてどのようなキャリアパスを歩んでいくのか、適切な派遣先の選択や必要な資格取得等についての知識を得ることが必要であり、それを支援する仕組みが求められる。

派遣元事業主は、派遣労働者のキャリア形成を念頭に置いた段階的かつ体系的な教育訓練の実施計画を定め、これに沿って教育訓練を行わなければならない。教育訓練の実施計画を作成するに当たり、一定の要件を満たさなければならない（派遣30条の2第1項）。

また、派遣元は、キャリアコンサルティングを実施するため、キャリアコンサルティングの知見を有する相談員又は派遣先と連絡調整を行う担当者を相談窓口に配置しなければならない（派遣30条の2第2項）。

(3)　**派遣労働者の労働条件決定（派遣先均等・均衡方式と労使協定方式）**

派遣労働者の賃金等の待遇は、本来雇用主である派遣元と労働者との間で合意により決定すべきものである。しかし、2017年政府が「働き方改革」の一環として、非正規雇用労働者の処遇改善のために同一労働・同一賃金原則の導入を決め、2019年に改正労働者派遣法が成立した。改正労働者派遣法は、不合理な待遇格差を解消するために、派遣元事業主は、2020年4月から①派遣先の通常の労働者（正社員）との均等・均衡方式（派遣先均等・均衡方式）又は②派遣元と過半数組合等との労使協定による方式（労使協定方式）のいずれかによって派遣労働者の待遇を決定しなければならない。

派遣先均等・均衡方式を採用する場合、派遣元事業主は、派遣労働者の基

本給、賞与などの待遇について、派遣先の通常の労働者と同一の派遣労働者
であって、労働者派遣契約及び派遣先の慣行その他の事情からみて、当該派
遣先における就業の全期間において、①職務内容、②職務内容・配置の変更
の範囲等が同じである場合は差別的取扱いをしてはならない（派遣30条の３
第２項＝均等原則）。また、派遣元事業主は、派遣労働者の待遇について派遣
先の通常の労働者との間で、①職務内容、②職務内容・配置の変更の範囲、
③その他の事情のうち、当該待遇の性質及び目的に照らして適切と認められ
るものを考慮して、派遣先の比較対象労働者の待遇との間において不合理な
取扱いをしてはならない（同30条の３第１項＝均衡原則）。

　労使協定方式を採用する場合、派遣元事業主は、同種の業務に従事する一
般の労働者の平均的な賃金水準と同等以上であること等の要件を満たす書面
による労使協定を、派遣労働者の過半数労働組合又は過半数代表者との間で
結んで賃金を決定しなければならない（派遣30条の４）。実際には、派遣先か
らの情報提供の必要ないことからほとんどの派遣元事業主は、労使協定方式
を採っている。

　(a)　**派遣先均等・均衡方式**　　派遣先均等・均衡方式の場合、派遣先は、
派遣元事業主の求めに応じて、あらかじめ、比較対象労働者を選定した上
で、比較対象労働者における、①職務の内容、職務の内容及び配置の変更
の範囲並びに雇用形態、②選定理由、③待遇の内容、④待遇の性質及び目
的、⑤待遇決定に当たっての考慮事項に関する情報を派遣元事業主に提供
しなければならない（派遣40条５項）。この情報提供をしなければ、派遣先
は派遣元との間で労働者派遣契約を結ぶことはできない。

　比較対象労働者とは、派遣先に雇用される通常の労働者であって、その
業務の内容及び業務に伴う責任の程度並びに職務の内容及び配置の変更の
範囲が、当該派遣労働者と同一であると見込まれる者等である。具体的に
は、次の①〜⑥の優先順位により選定する。①「職務内容」（業務の内容及
び責任の程度）と「職務内容及び配置の変更範囲」（人材活用の仕組み、運用等）
が同じ通常の労働者、②「職務内容」が同じ通常の労働者、③「業務内容」
または「責任の程度」が同じ通常の労働者、④「職務内容及び配置の変更
範囲」が同じ通常の労働者、⑤上記①〜④に相当するパート・有期雇用労

働者、⑥派遣労働者と同一の職務に従事させるために新たに通常の労働者を雇い入れたと仮定した場合における当該労働者（派遣先の通常の労働者との間で適切な待遇が確保されていることが必要）。

　(b)　**労使協定方式**　　派遣先の通常の労働者との均等・均衡を確保することは、派遣労働者にとって納得感を得る上で重要な措置といえる。しかし、この場合、派遣先が変わるたびに派遣労働者の賃金水準が変わり、派遣労働者の所得が不安定になることが想定され、また、一般に賃金水準は大企業であるほど高く、小規模の企業であるほど低い傾向にあるが、派遣労働者が担う職務の難易度は、同様の業務であっても、大企業であるほど高度で、小規模の企業であるほど容易とは必ずしもいえず、結果として、派遣労働者個人の段階的かつ体系的なキャリアアップ支援と不整合な事態を招くことがあり得る。労使協定方式は、派遣元事業主が、労使協定に基づき派遣労働者の待遇を決定することで、計画的な教育訓練や職務経験による人材育成を経て、段階的に待遇を改善するなど、派遣労働者の長期的なキャリア形成に配慮した雇用管理を行うことができるようにしたものである。

　労使協定は、派遣元事業主単位又は労働者派遣事業を行う事業所単位で締結することができる。労使協定は、過半数労働組合又は過半数代表者との間で書面により締結しなければならない。書面によらず協定した場合には、派遣法30条の4第1項の協定とは認められず、派遣先に雇用される通常の労働者との間の均等・均衡待遇を確保しなければならない。

　労使協定に定める賃金の決定は、①派遣労働者が従事する業務と同種の業務に従事する一般の労働者の平均的な賃金（以下「一般賃金」という）の額と同等以上の賃金の額となるものであること、②派遣労働者の職務の内容、職務の成果、意欲、能力又は経験その他の就業の実態に関する事項の向上があった場合に賃金が改善されるものであることが必要である（派遣30条の4第1項2号）。①については、具体的には、派遣先の事業所その他派遣就業の場所の所在地を含む地域において派遣労働者が従事する業務と同種の業務に従事する一般の労働者であって、当該派遣労働者と同程度の能力及び経験を有する者の平均的な賃金の額と同等以上であることが必要

である（同法施行規則第25条の9）。これは、派遣労働者の待遇について、派遣先に雇用される通常の労働者との比較ではなく、様々な派遣先に雇用される通常の労働者一般との比較において一定の水準を確保しようとするものである。派遣元事業主は労使協定において「一般賃金」の額を下回る賃金を定めることが許されないことから、これは実質的に派遣労働者の最低賃金を定めたものとみることができる。

　賃金を除く派遣労働者の待遇は、派遣元事業主に雇用される通常の労働者の待遇との間において、当該派遣労働者及び通常の労働者の職務の内容、当該職務の内容及び配置の変更の範囲その他の事情のうち、当該待遇の性質及び当該待遇を行う目的に照らして適切と認められるものを考慮して、不合理と認められる相違が生じることのないものでなければならない（派遣30条の4第1項4号）。

　(c)　**待遇に関する事項の説明**　　派遣元事業主は、派遣労働者に対して、賃金額の見込みその他待遇に関する事項を説明しなければならない（派遣31条の2第1項）。また、派遣労働者の求めがあったときは、派遣元事業主は、当該派遣労働者に対して、比較対象労働者との間の待遇の相違の内容及び理由、派遣先均等・均衡方式または労使協定方式により賃金額等を決定した際に考慮した事項を説明しなければならない（同条4項）。派遣元事業主は、派遣労働者が同条4項に定める求めをしたことを理由として、解雇等の不利益取扱いをしてはならない（同条5項）。

　(d)　**裁判外紛争解決手続（行政ADR）**　　派遣労働者と派遣元又は派遣先との間で、派遣先の通常の労働者との不合理な差などのトラブルとなった場合には、派遣労働者は、都道府県労働局長による助言等や紛争調整委員会による調停等を求めることができる。紛争解決手続の対象となるトラブルは、具体的には、①派遣先の通常の労働者との不合理な待遇差、差別的取扱いの禁止、②労使協定に基づく待遇の決定、③雇入時・派遣時の明示・説明（派遣31条の2第2項・3項）、④派遣労働者の求めに応じた説明と説明を求めたことによる不利益取扱いの禁止（同条4項・5項）、⑤派遣先が講ずべき措置として、業務の遂行に必要な能力を付与するための教育訓練の実施（派遣40条2項）及び食堂、休憩室、更衣室の利用の機会の付与（同条

3項）である。

(4)　派遣先の義務

派遣先は、派遣労働者から派遣就業について苦情の申出を受けたときは、苦情の内容を派遣元に通知し、派遣元と連携して、遅滞なく、苦情の処理を図らなければならない（派遣40条 1 項）。

また、派遣先は、派遣就業について、派遣労働者ごとに法42条 1 項所定の事項を記載した派遣先管理台帳を作成しなければならない。

労働基準法等の労働者派遣事業への適用は、原則として、派遣中の派遣労働者と労働契約関係にある派遣元事業主が対象となる。労働者派遣関係において、雇用主は派遣元のみであり、派遣先は第三者だからである。しかしながら、派遣就業中の派遣労働者については、派遣先が具体的な指揮命令を行い、また、労務提供に関係する設備、機械等の設置・管理を行っている。そこで、派遣労働者の保護に欠けることがないように、派遣先における具体的な就業に伴う事項であって、労働者派遣の実態から派遣元に責任を問うことの困難な事項などについて、労基法、労働安全衛生法、じん肺法、作業環境測定法及び男女雇用機会均等法、育児介護休業法、労働施策総合推進法について適用の特例を設けて、派遣先を使用者とみなしている（派遣44条〜47条の 4 ）。

8.　違法派遣に対する制裁等

(1)　派遣法違反に対する制裁

労働者派遣法59条では、適用除外業務への派遣、無許可派遣を行った派遣元に対して刑事制裁を科している。また、行政は、欠格事由がある派遣元、関係法令違反を行った有許可派遣元に対して許可取消し（派遣14条 1 項）又は事業停止命令（同条 2 項）を行うことができる。

その他の派遣法違反について、行政は、指導・助言、改善命令、企業名公表などを行うことができる（派遣48条〜49条の 2 ）。

また、派遣法に違反する労働者派遣が行われた場合、派遣法の趣旨及びその取締法規としての性質、さらには派遣労働者を保護する必要性等に鑑み、

特段の事情のない限り、そのことだけによっては派遣労働者と派遣元との間の雇用契約が無効になることはないというのが判例である（パナソニックプラズマディスプレイ事件・最判平成21・12・18民集63巻10号2754頁）。

(2) 労働契約申込みみなし制度

違法な派遣に対する行政の指導・監督の結果、派遣労働者が雇用を失っては法の趣旨を損なうことになる。そこで、労働者派遣法40条の6第1項は、違法派遣の是正において派遣労働者の雇用が失われないよう派遣労働者の保護を図り、また、違法派遣を受け入れた派遣先にも一定の責任があるので、そのような派遣先に対する民事的制裁として、派遣先が当該労働者に対して、その時点の労働契約と同一の労働条件の労働契約の申込みをしたものと見なしている（図16参照）。

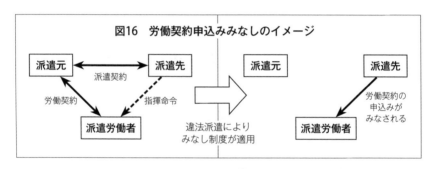

図16　労働契約申込みみなしのイメージ

派遣先が、①法4条1項に定める適用除外業務に派遣労働者を従事させること（禁止業務への派遣）、②無許可の派遣元事業主から派遣労働者を受け入れること（無許可派遣）、③派遣先の同一業務について期間制限を超えて派遣労働者を受け入れること（派遣可能期間制限違反）、④個人単位の派遣可能期間に違反して派遣労働者を受け入れること、⑤労働者派遣法の規定の適用を免れる目的で、請負その他労働者派遣以外の名目で契約を締結して派遣労働者を受け入れること（偽装請負）のいずれかの行為を行った場合、その時点において、派遣先から①から⑤の行為の対象となった派遣労働者に対し、その時点における当該派遣労働者に係る労働条件と同一の労働条件を内容とする直接雇用の労働契約の申込みをしたものとみなす、ただし、派遣先が、そ

の行った行為が①から⑤のいずれかに該当することを知らず、かつ、知らな
かったことにつき過失がなかったときはこの限りではない、と規定している。
これにより、派遣先から労働契約の申込みが派遣労働者に対してなされたと
みなすため、派遣労働者がこれに応じれば、その者は派遣先に直接雇用され
ることになる。

第8章

雇用保険法

第1節　雇用保険の目的と機能

1. 雇用保険の目的

　国際労働機関（ILO）は、設立の最初の年（1919年）に採択した失業に関する勧告において、加盟国に有効な失業保険制度を設けるよう勧告した。失業した労働者に一定期間生活できるための所得を補償する制度は、労働者保護の他の制度に優先する課題であった。

　日本が失業保険制度を創設したのは、1947年であった。1947年は、1945年の敗戦による戦後処理が始まって間もない頃で、戦地やかつての占領地域からの復員者が国内にあふれているにもかかわらず、労働者を受け入れる産業が復興していない時期である。このように、日本の失業保険制度は、循環性の不況対策という本来の任務を果たすには不都合の時期に発足した。

　とはいえ、その後、日本経済が高度成長を開始することにより、人手不足に転換し、失業保険制度は徐々にその本来の任務を果たすことになった。ところが、1973年のオイルショックにより日本は戦後はじめての本格的な不況に陥り、失業保険制度は、雇用保険制度へと抜本的な改編がなされる。雇用保険制度は当初の失業手当の支給にとどまらない、雇用に関する総合的機能を果たす制度となった。

　現代の雇用保険は、①労働者が失業し所得の源泉を失った場合にその所得の補償を行い新たな雇用に就くまでの生活の安定を図ることはもちろん、②労働者の失業中に、求職活動を容易にする等その再就職の促進を図り、③在

職中の労働者についても、雇用の継続が困難となる事由が生じた場合に、援助を行い、④労働者が主体的に能力開発に取り組むための支援を行い、さらに、⑤失業の予防、雇用状態の是正及び雇用機会の増大、労働者の能力の開発・向上その他労働者の福祉の増進を図ることを目的としている（雇保1条）。

2. 雇用保険制度の機能

(1) 失業時の所得補償

雇用保険の第1の機能は失業者が再就職するまでの所得の補償にある。失業給付は、失業者が失業によって失った収入源の代わりとなるものを補償し、失業の痛手を一時的に緩和すると同時に、失業給付は失業者本人の家族に対し生計を維持する手段を提供する。その意味で、雇用保険は失業者とその家族にとってセーフティネットの役割を果たすものである。

同時に、雇用保険は、公共職業安定所及び民間人材サービスの様々な雇用サービスと連携して再就職を支援するものである。

(2) 雇用政策の財源確保

雇用保険の第2の機能は、雇用政策を具体的に展開する特別の財源としての役割を担うことにある。雇用保険は、雇用安定事業、能力開発事業などのいわゆる雇用保険2事業を附帯事業として制度化した。雇用保険の2事業はその成立から幾多の変遷をたどるが、雇用の創出、在職者の雇用の維持、離職者の就職の支援、在職者・離職者の職業能力の開発、そして雇用全般に関係する環境の整備など、日本の雇用政策の実現に向けて中核的役割を担ってきた。

特に、雇用保険は雇用政策法に基づく様々な雇用政策的措置の独自の財源となっている。雇用保険は、雇用保険2事業に充てるべき財源を失業給付に充てるべき財源と区別しもっぱら事業主の負担としている。これは、諸外国において、これらの事業が事業主から徴収する職業訓練税、賦課金あるいは選択的雇用税等で賄われている例を参考としたものである。

第2節　雇用保険の概念と意義

1. 雇用保険の概念

　雇用保険とは、社会保険の技術を用いて、労働者の失業時の所得を補償して生活を安定させることと並んで、失業を予防して雇用の安定を図り、労働者の職業能力を開発向上させるための雇用政策に対して財源を提供するといった総合的機能を果たす制度である。

　失業給付は、ある意味では失業に対処する国の広範な諸方策を補完する活動に過ぎない。失業者に対する最もよい方策は、報酬の得られる良質な就業機会を提供することである。そうした観点から、雇用保険法は、完全雇用の達成を目指す雇用政策法と密接に結合し、公共職業安定所などの職業仲介サービスと相まって、労働市場法の一分野として位置付けられる。

　雇用保険は社会保険の技術を用いて失業者の生活を保障するところから、社会保障法の一分野とされることがある。しかし、雇用保険法の第一義的目的は、職業仲介、職業能力開発その他の雇用促進的措置と密接に連携して求職者に対し良質な就業機会を提供することにあり、雇用保険は社会保険の一分野をなすが、社会保障制度と異なった性格をもつものである。

2. 雇用保険の意義

　雇用保険の意義は、第1に社会保険という技術を用いて失業によるリスクを分散すること（社会保険）、第2に公共職業安定所等の雇用サービスと密接に連携し雇用を促進していること（雇用促進）、第3に失業者の生活を保障すること（生活保障）、第4に雇用保険の財源を労働者、事業主、国に負担させていること（財源負担）にある。

(1)　社会保険
　失業の危険に対して最小の支出によって最大の補償を得るためには保険が

有効な手段となる。

　保険とは、一定の事故に対して危険を同じくする者が相集って保険団体を組織し、その構成員が一定の掛け金を拠出し、事故発生の場合には保険給付を受けることのできる仕組みである。この方法は、組織内において事故発生による危険を分散させることができるところに、その本質と長所をもっている。

　この危険分散を目的とする点では、民間保険と社会保険に差異は存在しないが、民間保険は危険を共有する者が任意に保険団体を組織し、構成員の拠出と給付とが均衡することを原則（給付反対給付均等の原則）として運営される。しかし、こうした方式は事故発生率が構成員間である程度均等である場合には一定の加入率を確保することができるが、失業のように、地域、業種、就業形態等で発生率が異なる場合には、発生率の高いグループの加入率が高くなる一方で、低いグループが低くなるため、保険財政が成り立たなくなる（いわゆる逆選別）。ここから、失業保険は強制加入を原則とすることとなる。

　加えて、失業という事故は、他の社会保険と異なり、政治的、経済的、社会的関係からその発生の時期、場所、量において明確に予想することが困難であり、その結果、保険料算定の基礎となる失業率も、他の社会保険の疾病率、負傷率、死亡率等と比べて、その算出が困難である。こうした特殊性も、失業保険が強制保険として国によって運営すべき根拠となる。

　かくして、雇用保険は強制保険という特性において社会保険たる実を示しているといえよう。すなわち、雇用保険は民間保険で用いられる保険技術を用いているが、それを貫いていない。それは、保険技術に厳密に依拠したのでは、求職者全体をカバーするという機能を果たせなくなるからである。

　もっとも、雇用保険は、租税制度と比較してなお保険としての性格を保持している。

　社会保険料と租税の違いは対象者の限定性にある。社会保険制度は、保険集団の中で特定の保険リスクをカバーするために加入者が共同で拠出するという事業の性格上、受益者及び負担者は保険集団の構成員に限られる。これに対して、租税の場合、広く国民ないし地域住民一般を負担者とし、これを財源とする一般行政サービスの受益者も広く国民ないし地域住民であって対

象者は限定されないのである。

　したがって、社会保険のこうした特質から、雇用保険によるサービスは保険料負担者に限定されることになり、保険未加入者はそのサービスを受けられない結果となる。具体的には、失業給付のうちの基本手当は労働者が離職の日以前２年間に通算して12ヶ月以上保険に加入していることが受給資格となる（雇保13条１項）。

　また、雇用安定事業などの２事業に基づく雇用関連助成金は全て事業主の保険料を財源としていることから、保険料を支払う事業主だけに支給される（雇保62条１項、63条１項）。

(2)　雇用促進

　失業に対する保護として、失業給付制度は、単独ではその機能を果たし得ない。それは直接に失業を減少させる目的で設けられた他の方策とともに運営されなければならない。

　ILO168号条約（雇用の促進及び失業に対する保護に関する条約。1988年採択、日本は未批准）は、加盟国に対して失業者に対する保護と雇用政策を調整するための適切な措置をとることを義務付け（２条）、「特に失業給付の支給方法が完全雇用、生産的雇用及び職業の自由な選択の促進に寄与し、使用者が生産的雇用を提供し及び労働者が生産的雇用を求めることを妨げないようなものでないことを確保するように努める。」と定め、失業給付が雇用政策の目的に適合すべきであるとしている。

　日本の雇用保険も雇用政策と密接に関連している。雇用保険法10条の２は、求職者給付の支給を受ける者は、必要に応じ職業能力の開発及び向上を図りつつ、誠実かつ熱心に求職活動を行うことにより、職業に就くよう努めなければならないと規定している。

　失業保険法の立法に関与した職業安定局長の亀井光は「失業保険においては、失業対策の一施策として失業者の職業の安定を図ることを第一義的目的とし、失業保険金の支給による生活の安定を図ることは第二義的目的である」としている[1]。

　だが、なぜ雇用促進が失業者の生活安定に優位するのだろうか。それは、

雇用保険のセーフティネットとしての性格が再就職促進機能を阻害する可能性があるからである。いわゆる「モラルハザード」である。

モラルハザードとは保険によって保険事故が補償されることが、被保険者のリスク回避行動を阻害する現象をいう。これは火災保険、医療保険などの保険一般に用いられる用語であるが、失業給付は労働者が離職することにより支給されるという主観的な側面をもっている（働こうとしないで失業給付をもらうだけの者の存在）ために、本質的にモラルハザードの危険性が高く、これを防止する工夫が必要となる。

雇用保険制度もまたモラルハザードを防止する仕組みを有している。例えば、公共職業安定所の紹介した仕事を正当な理由なく拒否した場合に給付を制限し（雇保32条1項）、正当な理由なく自己の都合により退職した者については、一定期間失業給付の支給を行わない（雇保33条1項）ことは、再就職回避や安易に離職することに対する抑制的機能を果たしている。

(3)　失業者の生活保障

雇用保険は失業者が再就職するまで生活を保障する。

まず、失業給付は失業者の従前の生活水準に合わせた生活を保障するものであり、そのため給付額（給付日額）は従前の賃金水準を基準として決定される。この点で、生活困窮者に最低限の生活を保障する生活保護制度と仕組みが異なる。生活保護給付は生活困窮者の従前の生活水準を考慮せずに一律の基準による給付を行うからである。

雇用保険が再就職までの生活を保障するといっても、失業した者が保険事故としての危険——非自発的失業——が継続している限り失業給付（求職者給付）を受給し得るわけではない。雇用保険は失業給付を受給できる期間（受給期間）を、原則として離職した日の翌日から1年間に制限している（雇保20条1項1号）。失業者はたとえ再就職ができない場合であっても1年間を過ぎると失業給付を請求することができない。

1　亀井光『改正失業保険法の解説』（日本社会保障基本文献集15巻、2007年。ただし、原典は1949年発行）44頁。

失業給付の支給を離職後１年間に制限している理由は、失業給付が本来短期的な失業の保護を目的としているからである。失業給付は、既にみたように、失業者の就職を促進させることを第一義的目的としている。したがって、失業給付の給付日数も、受給資格者が就職することのできる期間を勘案して定めることになる。雇用保険法が受給期間を１年間に限定しているのも、この期間内において受給資格者の再就職が可能であると一応の見通しをつけているからである。

　しかしながら、再就職に要する期間は、求職者の再就職の困難性によって異なる。雇用保険法は、求職者の年齢、被保険者であった期間、離職の態様を考慮して、給付日数を決定している（雇保20条１項、22条１項・２項）。

　雇用保険のこうした特性は、雇用保険が単なる生活保障を目的とした制度ではなく、労働市場法であることを示すものであるが、他方で、所定給付日数を超えて失業している者にとっては、雇用保険に代わる社会扶助を必要とする。諸外国では、失業給付とは別に社会扶助制度が設けられている場合が少なくないが、日本ではこうした問題に対してこれまで十分に制度的に対処してこなかった。近年制定された求職者支援法（2011年）と生活困窮者自立支援法（2013年）は、いわゆる第２のセーフティネットとして注目に値する。

⑷　雇用保険の財政負担

　雇用保険の主要な事業は失業等給付及び雇用安定事業等の２事業である。これに要する費用は労働保険特別会計の雇用勘定から支出されるが、その収入のうちで主要な財源となるのは、事業主・労働者から徴収される保険料と国庫負担金である。すなわち、雇用保険の財政責任は、被保険者である労働者とこれを雇用する事業主及び国の３者が負担する。

　保険料負担は、失業等給付については労使が折半して負担する。雇用安定事業等に要する費用は全て事業主の保険料で賄われる。国庫負担については、求職者給付のうち日雇労働等以外の費用については原則４分の１とされる。

　そこで、被保険者である労働者、事業主、国はいかなる理由から雇用保険の財源を負うのだろうか。

　被保険者が保険料を負担するのは、その者が失業した場合に失業保険の支

給を受けるのであるから、その対償としてこれを負担するというのが失業保険法制定時の法案作成者の考えであった。これは、失業補償に対する対価として自ら費用を負担するものであるが、同種の労働者間におけるリスク分散とその財政的連帯でもあることを示している。現在では、高年齢者継続雇用など失業に至らない生活危険又は再就職の困難なども補償の範囲に加えているが、その原理は同様である。

　事業主にも保険料の負担義務を課しているのは、被保険者が失業保険によって失業時における生活不安から解放され、後顧の憂いなく生産に精進することができるとすれば、自ら生産の能率も向上し、事業主に有利な結果をもたらすこととなり、また、事業主としては、その雇用する被保険者の生活保障について責任を負担している、殊に、事業主の都合による解雇によって被保険者が失業する場合にはその解雇後の生活について保障の責任を負担しているからだとされている。

　このような考えは、事業主が失業対策の費用を負担することにより、労働能率・生産性の向上という利益を受けること、個々の事業主が解雇補償を行う必要性を減じるという経済的利益を受益するということから、「受益者負担」の考えだといえよう。

原因者負担

　　学説においては以前から「原因者負担」の考えが提唱されてきた。ある論者は、失業保険が予定しているのは非任意的失業であり、非任意的失業はその原因から見れば雇用関係の非任意的終了、すなわち、解雇権行使の結果である、そうすると、「解雇権行使の結果について相応の社会的責任が負うべきことも当然である。失業保険は、この相関関係を反映して、まず使用者の社会的責任を保険技術的に調整の上、保険料負担として使用者に配分しているのである。」と主張する[2]。しかし、原因者負担の考えは、事業主の保険料が雇用保険2事業の雇用政策財源とされている現状では、単独で事業主負担を説明することはできない。

　次に、国が負担する理由としては、行政文書をみると、様々な理由が述べ

　2　田中清定「労働保険の諸問題」ジュリスト393号（1968年）108頁。

られている。国庫負担の根拠として、①勤労権・勤労の義務の反面である生存権保障責任としての財政責任、②失業（雇用）保険者責任としての財政責任、③失業は政府の経済政策、産業政策、雇用政策と無縁ではなく、政府もその責任の一端を担うべきであるという理由、④強制加入の代償として責任がある、といった根拠が挙げられている。そして現在では、主に上記③のみを挙げるようである。

さて、以上の議論状況を踏まえて、労働者・事業主の保険料及び国庫負担の法的性格をどのように把握すべきだろうか。

保険料負担の根拠を原因者責任に帰する理解（事業主について解雇権行使にともなう社会的責任、労働者については自己都合の離職に伴う責任）は、雇用保険が基本的に失業リスクの分散を目的とした団体的取決めであること、雇用保険2事業が雇用政策の財源となっていること等を考慮すると、それだけでは保険料の性格を十分に説明するものではない。

他方で、保険料負担を健康保険や年金保険のような社会連帯理念の具体化として整理することは、2事業が事業主の単独負担としていることの説明ができない。結局、原因者責任と受益者責任を総合して説明するほかない。

第3節　雇用保険関連サービス

雇用保険関連サービスには、大きく分けて、被保険者に対する様々な給付である失業等給付、雇用政策の財源を提供する雇用保険2事業（雇用安定事業及び能力開発事業）がある（表4参照）。この他、求職者支援制度は、雇用保険未加入の者に対する訓練費用等を雇用保険から支出しているが、これは本来の雇用保険事業とは区別すべきである（第10章第6節参照）。

1.　失業等給付

失業等給付とは、労働者が失業した場合にその生活の安定を図り、求職活動を支援するために支給される「求職者給付」と、再就職を援助・促進するために支給される「就職促進給付」、労働者が主体的に教育訓練を受講する

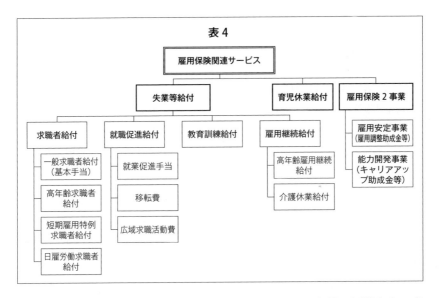

場合に支給される「教育訓練給付」及び労働者の雇用の継続が困難となる事由が生じた場合にその雇用の安定を図るために支給される「雇用継続給付」からなる（雇保10条1項）。これら給付は事業主だけが負担する2事業の給付と異なり、求職者本人に支給される。

　求職者給付という名称は、失業者が求職活動する間の生活の安定及び求職活動の援助を図るという給付目的を明確にしたものである。求職者給付は、一般被保険者の求職者給付（基本手当等）、高年齢被保険者の求職者給付（高年齢求職者給付金）、短期雇用特例被保険者の求職者給付（特例一時金）、日雇労働被保険者の求職者給付（日雇労働求職者給付金）に分かれる。

　一般被保険者の求職者給付は、さらに、基本手当、技能習得手当、寄宿手当、傷病手当からなる（雇保10条2項）。就職促進給付は、就業促進手当、移転費、広域求職活動費からなる（同条4項）。雇用継続給付は、高年齢雇用継続給付、介護休業給付からなる（同条6項）。育児休業給付はこれまで雇用継続給付のひとつであったが、2020年施行の改正雇用保険法が、失業等給付から削除して、新しい給付の体系に位置付けた[3]。離職者に対する所得補償と

3　第138回労働政策審議会職業安定分科会雇用保険部会（2020年1月8日）議事録参照。

して最も重要なものは基本手当である。詳細は後述する（本章第5節）。

2. 雇用保険2事業

(1) 雇用保険2事業の性格

　雇用保険法が制定された際に、その前身である失業保険制度の福祉施設であった事業が事業主負担のみによる保険料を財源する附帯事業として体系化された。この雇用保険の附帯事業は、雇用保険法制定時には、雇用改善事業、職業能力開発事業、雇用福祉事業の3事業として出発している。

　これ以降、雇用保険の附帯事業は国の雇用政策の財源として重要な役割を果たすことになる。しかし、雇用政策の全てを担うものではなく、雇用保険の一環として行われるものである以上、この事業による施策は、雇用保険の被保険者等を対象として行われることとなる。また、財源が事業主のみの負担であることから事業主の共同連帯によって処理するにふさわしいものがこれらの事業の対象とされる。

　雇用政策の詳細は、第9章「雇用政策法」で記述するが、雇用保険法制定時における3事業は、当初（1974年）の3事業（雇用改善事業、能力開発事業、雇用福祉事業）から1977年には4事業（3事業に雇用安定事業が加わる）となり、その後、1989年に雇用安定事業と雇用改善事業を雇用安定事業に統合し、再び3事業となった。ところが、雇用福祉事業の一環として展開された勤労者福祉施設への批判が高まり、雇用福祉事業が2007年の雇用保険法改正により廃止される。その結果、現在は雇用安定事業と能力開発事業の2事業となっている。

(2) 事業内容と助成金

　日本の雇用政策のほとんどは雇用保険2事業の枠内で行っており、失業等給付と緊急対策を除くと一般会計による雇用政策は極めて少ない。

　雇用保険法は、雇用安定事業の内容を62条、能力開発事業の内容を63条で規定している。これらは、国が行う様々な雇用政策のための助成金などが雇用保険財政から支出されることを示している。その意味で、これらは雇用政策をバックアップするメニューだといってよい。助成金支出の政策的必要性

は、第9章の「雇用政策法」で説明する。

　雇用安定事業とは、失業の予防、雇用状態の是正、雇用機会の拡大など図る事業であり（雇保62条1項）、能力開発事業は、職業生活の全期間を通じて、労働者の能力を開発向上させることを促進するために行う事業である（雇保63条1項）。

　雇用保険法及び雇用保険法施行規則は、上記2事業に即して、個々の雇用関係助成金の支給根拠を詳細に規定しているが、それは大きくは7つの政策目的に集約することができる。

　(a)　**雇用維持関係の助成金**　　景気変動等の経済上の理由より事業活動を縮小する事業主が人員削減せずに雇用を維持するために休業させた場合（労働者には休業手当を支払う）などに助成金が支給される（雇保62条1項1号、同法施行規則102条の2・102条の3）。これは「雇用調整助成金」と呼ばれる。

　(b)　**再就職支援関係の助成金**　　離職を余儀なくされる労働者に対して休暇を与える事業主、当該労働者の再就職の支援を行う事業主に対して、労働者の再就職を支援するために助成金が支給される（雇保62条1項2号、同法施行規則102条の4・102条の5）。再就職を支援する助成金は「労働移動支援助成金」と呼ばれる。

　(c)　**雇入れ関係の助成金**　　就職が困難な人（例えば、障害者、長期失業者、母子家庭の母などを指し、これらは特定求職者と呼ばれる）、不況地域の失業者、生活保護受給者などを新たに雇い入れた事業主に対して助成金が支給される。こうした雇入れ企業に支給する助成金には、就職が特に困難な人を雇い入れた場合の助成金として「特定求職者雇用開発助成金」がある（雇保62条1項6号、同法施行規則109条・110条）。

　職業経験、技能、知識の不足などから安定的な就職が困難な求職者について、正規雇用等の実現を図るために、これらの求職者を常用雇用へ移行することを目的に一定期間（原則3ヶ月）試行雇用する事業主に対して助成する「トライアル雇用助成金」（雇保62条1項6号、同法施行規則110条の3）、地方雇用開発のために、援助などの措置を講じる必要があると認められた地域等において、地域の求職者を雇い入れた事業主に対して助成する「地域雇用開発助成金」（雇保62条1項5号、同法施行規則112条）、中途採用をす

るための中途採用計画を作成した事業主に対する助成又は中高年齢者が起業して就業機会を創出すると共に事業運営のため一定数の従業員を新たに雇用する際にその費用を助成するための給付（中途採用等支援助成金。雇保62条1項3号〜6号、同行規則110条の4）がある。

(d) **障害者の雇用環境整備の助成金**　障害者を多数雇い入れる中小企業の事業所の施設整備を支援するための「中小企業障害者多数雇用施設設置等助成金」、事業所が雇用する障害者の職場定着のために、障害特性に応じた雇用管理や雇用形態の見直しを計画し、措置を講じた場合に「障害者正社員化コース助成金」が支給され（雇用保険法施行規則118条の2）、一定水準以上の長期間の教育訓練を継続的に実施する施設の設置・運営を行う事業主、社会福祉法人等に対して、その経費を助成する「障害者職業能力開発助成金」がある。

(e) **雇用環境の整備関係等の助成金**　事業主が魅力ある職場作りを通じて従業員の離職率の低下に取り組んで、職場定着に一定の効果を挙げた場合に助成するもの（職場定着支援助成金）、65歳以降の継続雇用延長・65歳までの定年引上げを行った事業主に対して支給される助成金（65歳超雇用推進助成金）などがある（雇保61条1項4号、同施行規則103条・104条）。

(f) **仕事と家庭の両立関係の助成金**　職業生活と家庭生活との両立支援のために、事業所内保育施設を設置したり、男性が育児休暇を取得しやすいような職場環境を作った事業主に「両立支援等助成金」が支給される（雇保62条1項6号、同施行規則115条1号・116条）。

(g) **キャリアアップ・人材育成関係の助成金**　有期契約労働者、パートタイム労働者、派遣労働者などのいわゆる非正規雇用労働者の企業内でのキャリアアップを促進するために、正社員化、人材育成、処遇改善等を行った事業主に対して、「キャリアアップ助成金」が支給される（雇保62条1項、同施行規則115条14号・118条の2）。

これらの助成金は、それぞれさらにいくつかのコースに細分化されている。

2017年の雇用保険法改正により、助成金は「労働生産性の向上に資するものとなるよう留意」することとされた（生産性基準の導入。雇保64条の2）。

これは、雇用保険 2 事業は、事業主の共同連帯により運営することが適当なものを実施するものであり、生産性が高まることは、より長期の雇用の安定や的確な職業能力開発の実施に資すると考えられたからである。具体的には、生産性を向上させた企業が一部の雇用関係助成金を利用する場合、その助成額又は助成率を割増しすることになる。

第 4 節　保険関係

1.　保険関係の成立と消滅

　雇用保険の保険関係とは、被保険者である労働者が失業した場合、政府（保険者）に対して保険給付を請求し、また、適用事業の事業主（保険加入者）が政府に保険料を納付する義務を負うという権利義務関係の基礎となる継続的な法律関係をいう（図17参照）。保険関係は、個々の被保険者である労働者と保険者である政府との直接的な法律関係として成立するのではなく、被保険者である労働者を雇用する事業主と政府との間に成立するという仕組みをとっている（雇保 5 条 2 項、徴収 4 条）。

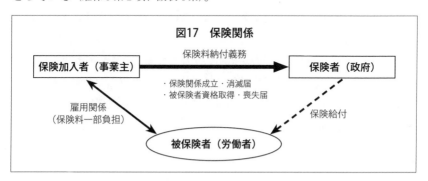

図17　保険関係

　政府は雇用保険給付に要する費用など「労働保険の事業に要する費用にあてるための保険料」を徴収する（徴収10条 1 項）。雇用保険の保険料は、労働保険料として、通常の場合、労災保険の保険料と一元的に徴収される。これらの保険料を一般保険料という。この労働保険料の納付義務はすべて事業主

が負っている（同15条）が、その最終的な負担は、被保険者たる労働者と事業主が一定割合を負担する（雇保68条、徴収31条。雇用保険料率については、第5章第2節を参照）。

被保険者である労働者は、政府に対して、保険事故が生じたとき保険給付の支給を決定するよう政府に対して請求する権利（支払決定請求権）とその決定を受けて生じた金銭債権を履行するよう請求する権利（受給権）を取得する。また、労働者は、基本手当等の請求手続において、被保険者資格証明書及び離職票の提出義務その他の義務を負う。

保険加入者である事業主は、保険者である政府に対して保険料納付義務を負うことはもちろんであるが、保険関係の成立届又は消滅届の提出（雇保4条の2）、基本手当等の請求手続において必要となる被保険者資格取得又は喪失届の提出、離職票の交付その他についての義務を負う。

労働保険徴収法は、この保険関係を、原則として労災保険及び雇用保険の双方を含む一元的な「労働保険の保険関係」として構成している（徴収3条、4条）。

保険関係の成立とは、事業主と国とが上記の法律関係に入ることをいうが、これは民間保険のように当事者の合意によらずに、法律に定める要件を満たしたとき当然に成立する。すなわち、適用事業については、その事業が開始された日又はその事業が適用事業に該当するに至った日に保険関係が自動的に成立する（徴収4条）。

保険関係の消滅とは、上記の法律関係がなくなることをいうが、保険関係の成立している事業は、適用事業又は暫定任意適用事業を問わず、その事業の廃止又は終了の日の翌日に、その事業についての保険関係は法律上当然に消滅する（徴収5条）。

2. 適用事業

労働者を雇用する全ての事業が雇用保険の適用事業である（雇保5条）。労働者を1人でも雇用する事業は、業種、規模の如何を問わず全て雇用保険が適用される。したがって、雇用保険は強制的に加入を義務付けられる強制保険である（徴収4条）。ただし、農林、畜産、水産の事業のうち、雇用する労

働者が常時5人未満の個人事業は、適用除外とされている.（雇保制定附則2条、同施行令附則2条）。

3. 被保険者

(1) 被保険者の概念

被保険者とは、「適用事業に雇用される労働者」をいう（雇保4条）。被保険者は、失業等給付の保険事故、すなわち、「失業」、「雇用の継続が困難となる事由」又は「労働者による主体的な職業能力開発の実施」が発生したときに、受給要件を備えていれば、保険給付である失業等給付を請求する権利を有する。

有期のパートタイム労働者であっても、31日以上引き続き雇用されることが見込まれる者で、1週間の所定労働時間が20時間以上である場合、事業者は被保険者として加入手続をとらなければならない。

被保険者の例外

> 雇用保険法6条は、次の者に対し雇用保険加入義務を免除している。すなわち、①1週間の所定労働時間が20時間未満である者、②同一の事業主に継続して31日以上雇用されることが見込まれない者、③季節的に雇用される者であって、4月以内の期間を定めて雇用される者又は1週間の所定労働時間が20時間以上30時間未満である者、④日雇労働者（日々雇用される者又は30日以内の期間を定めて雇用される者）であって、適用区域に居住し適用事業に雇用される等の要件に該当しない者、⑤国、都道府県、市町村等に雇用される者、⑥昼間学生、船員法に基づく船員保険の被保険者がそれである。

(2) 雇用される労働者

さて、「雇用される労働者」とは、いかなる者をいうのか。

裁判例（国・大阪西公共職業安定所長事件・福岡高判平成25・2・28判時2214号111頁）は、「事業主に対してその支配下で労務を提供して（労務提供の従属性）、その対価を得ることによって生計を維持する者（労務対償性）」としている。その上で、労働者性を判断するためには、事業主と労働者の間に、仕事の依頼や業務に従事すべき旨の指示等に対する諾否の自由の有無、業務遂行上の

指揮命令の有無、場所的・時間的拘束性の有無、代替性の有無、報酬の性格、当該労務提供者の事業者性の有無、専属性の程度、その他の事情をも総合考慮して、上記雇用保険法の趣旨に照らして、上記の同法上の保護を与えるに相当な関係が存すれば足りると解するのが相当である、としている。

他の裁判例も同様である（池袋職安所長（アンカー工業）事件・東京地判平成16・7・15労判880号100頁）。

以上の裁判例を読む限り、雇用保険法上の労働者は、労基法上のそれと同義であり、また、その判断基準もいわゆる使用従属関係を基準とするものである。しかし、雇用保険法上の労働者を労基法上の労働者と同義とすることには賛成できない。雇用保険は、就業者が失業した場合に必要な給付を行うこと等によりその生活安定を図り、新たな就業を容易にすることを目的とする。こうした法の趣旨目的に照らせば、「雇用される労働者」は、使用従属関係にあるものだけではなく、広く他者のために労務を自ら提供し、その報酬により生活する者をいうと解するべきである。

(3) 被保険者の種類

被保険者は、その就労の実態に応じて、一般被保険者（雇保3章2節）、高年齢被保険者（雇保3章2節の2）、短期雇用特例被保険者（雇保3章3節）、日雇労働被保険者（雇保3章4節）の4種に分けられる。

> ①高年齢被保険者；65歳以上の被保険者で、次の②、③に該当しない者をいう。
> ②短期雇用特例被保険者；季節的に雇用される者のうち、雇用保険法38条の要件を充足する者をいう。
> ③日雇労働被保険者；日雇労働者（日々雇用される者と30日以内の期間を定めて雇用される者の両方をいう）で雇用保険法43条に定める要件を充足する者をいう。
> ④一般被保険者；上記①～③を除いた者をいう。

4. 保険者

雇用保険は政府が管掌する（雇保2条1項）。政府が保険者となる。具体的には、公共職業安定所が失業の認定を行い、失業等給付の事務を担当する。

5. 保険手続

⑴ 保険関係の変動に関する届出と確認

適用事業に雇用される労働者は、その雇用された日からその意思にかかわりなく、雇用保険の被保険者となる。したがって、労働者は雇入れの日から被保険者資格を取得する。

また、適用事業の事業主は、事業所の所在地を管轄する公共職業安定所長に対し、事業を開始した日から10日以内に雇用保険にかかる保険関係成立届を提出しなければならない（徴収4条の2第1項、同法施行規則4条）。同時に、雇用する労働者について、被保険者となった事実のある月の翌月10日までに被保険者資格取得届を提出しなければならない（雇保7条、雇保施行規則6条1項）。

一方、被保険者が離職又は死亡したとき、その翌日から被保険者資格を喪失する。事業主は、離職の翌日から起算して10日以内に、被保険者資格喪失届を、被保険者離職証明書を添えて、管轄の公共職業安定所に提出しなければならない（雇保7条、雇保施行規則7条1項）。

この離職証明書に基づいて、公共職業安定所長は、当該離職者に離職票を交付する（雇保施行規則17条1項。ただし、資格喪失届に離職票が添付されている場合は、事業主を通じて交付がなされる）。

こうした保険給付手続のほか、雇用保険法は、被保険者が被保険者資格の得喪を確実に把握するため（事業主が被保険者資格届等の提出を怠る場合もある）「確認」の制度をおいている。失業保険給付を受ける権利を主張する者（労働者）は、被保険者となったこと、被保険者ではなくなったことの確認を、公共職業安定所長に対して請求できる（雇保8条、9条）。

離職者が基本手当の支給を受けるためには、公共職業安定所に出頭して、離職票を提出し、受給資格の決定を受けなければならない。

保険関係に関する手続を怠った事業主の責任

　雇用する事業主が保険関係成立届又は被保険者資格取得届を公共職業安定所に提出していなかった場合、保険関係成立届を提出する義務又は被保険者資格取得

届提出義務に違反し、雇用保険法所定の行政制裁を受ける。しかし、こうした場合、労働者は受給資格を満たさないので保険給付の請求をすることができない。そこで、労働者は、当該事業主に対して損害賠償を請求できるかが問題となる。裁判所は、雇用保険法8条、9条に定める被保険者資格の確認制度を用いれば、労働者は遡って被保険者資格取得の確認を求めることができ、その結果受給資格を得られるのであるから損害が生じたとはいえず、損害賠償請求はできないという（大阪地判平成元・8・22労判546号27頁）。

(2) 雇用保険の受給手続

　基本手当の支給を受けようとする者は、被保険者の住所又は居所を管轄する公共職業安定所に行き、離職票に運転免許証など本人確認ができる書類を添えて提出して、求職の申込みを行う（雇保施行規則19条1項）。公共職業安定所は、離職票を提出した者が、受給資格者に該当すると認めたときは、その者が失業の認定を受けるべき日（「失業の認定日」という）を定め、その者に知らせるとともに、受給資格者証に必要な事項を記載した上、交付しなければならない（同条3項）。

　基本手当の給付日数は離職の理由によって長短があるので、離職理由を届け出ることになる。離職理由は、事業主が離職証明書の複数の項目から選択することになるが、使用者の記載した離職理由に労働者の異議がある場合、労働者に改めて理由を記述させることができる。

求職者の基本手当受給手続

求職者による基本手当の受給手続は概ね以下の通りである。

雇　用

会社は、雇用保険にかかる保険関係成立届をハローワークに提出、併せて、雇用した労働者に関する雇用保険被保険者資格取得届も提出。ハローワークは会社に「雇用保険被保険者証」を交付する（普通、会社で保管する）。

↓

離　職

会社から「雇用保険被保険者証」を受け取り、また会社はハローワークに、「離職証明書」と雇用保険被保険者資格喪失届を提出する。

↓

求職の申込み。受給資格決定

離職者は、離職証明書に基いて所轄のハローワークから会社経由で「離職票」の交付を受ける。その上で、ハローワークに「求職の申込み」を行い、「離職票」を提出。ハローワークは離職理由などをチェックし「受給資格」の決定を行う。

↓

7日間の待機期間

この期間は失業していることの確認がされる。

↓

受給説明会

ハローワークが「雇用保険受給資格者証」、「失業認定申告書」を交付し、第1回目の「失業認定日」を指定。

↓

求職活動

失業の認定を受けるまでの間、ハローワークの窓口で職業相談、職業紹介を受けるなどの求職活動。

↓

失業の認定

原則として、4週間に1度、失業の認定（失業状態にあることの確認）を行う。「失業認定申告書」に求職活動の状況等を記入し、「雇用保険受給資格者証」とともに提出。

↓

受　給

第5節　基本手当

1. 基本手当の受給

　労働者が基本手当を受給するためには、①失業していること（失業の状態）、②離職の日以前2年間（算定対象期間）に被保険者期間が通算して12ヶ月以上（ただし、倒産、解雇等による場合は1年間に6ヶ月以上の被保険者期間）あること（受給資格）、③公共職業安定所による受給資格の決定を受けたこと、④失業の認定を受けたことの全てを充足しなければならない（雇保13条）。

2. 基本手当受給の要件

(1)　失業の状態

　失業とは、「労働の意思及び能力を有するにもかかわらず、職業に就くことができない状態にあること」（雇保4条3項）をいう。詳しくは、①被保険者が離職していること、②労働の意思を有すること、③労働の能力を有すること、④職業に就くことができない状態にあることをいう。

　　(a)　**離職していること**　　雇用保険法は、離職の原因を必ずしも解雇などの非任意的なものに限定しないで、契約期間の満了、任意退職等その理由の如何を問わず、事業主との雇用関係が終了すれば全て離職としている。

　　(b)　**労働の意思を有すること**　　労働の意思とは、自己の労働力を提供して就職しようとする積極的な意思をいうが、それは無条件な労働の意思ではなく、自己の労働力にふさわしい一定の労働条件の下に労働しようとする意思をいうとされる。

　　その意思は通常「自己のできるかぎりの努力で職業を求めている」かどうかを基準に判定される。そのためには、①求職のため公共職業安定所に出頭して求職の申込みをすることと、②具体的にどのような方法で求職活動をしたのかを公共職業安定所に通知することを要する。インターネットでの求人情報の閲覧、知人への紹介依頼だけでは求職活動をしたことにな

らない。

(c) **労働能力を有すること**　　労働の能力とは、労働に従事し、対価を得て自己の生活に役立てうる精神的、肉体的ならびに環境上の能力をいう。労働能力を有しない者の例としては、老衰の著しいもの、悪質な伝染性の疾病に罹患しているもの、高度の身体障害により常に介護を要するものなどである。

(d) **職業に就くことができない状態にあること**　　これは、受給資格者の求職申込みに応じて公共職業安定所が最大の努力をしたが就職させることができず、また本人の努力によっても就職できない状態をいう。ここでいう就職とは、通常の生計を維持するに足る収入を得る職業に就くことである。これは雇用関係に入ることはもちろん、請負、委任等により常時役務を提供する職業にある場合や、自営業を開始した場合を含む。

(2)　受給資格の決定

基本手当は、被保険者が失業した場合において、原則として離職の日以前2年間に被保険者期間が12ヶ月以上であるときに支給される（雇保13条1項）。ただし、特定受給資格者（倒産、解雇等により離職した者）については、離職の日以前1年間に被保険者期間が6ヶ月以上であるとき支給される（同条2項）。

このように、基本手当の支給を受けるための資格要件を受給資格という。受給資格の要件として被保険者期間12ヶ月以上（特定受給資格者は1年間に6ヶ月以上）の期間を設けた理由は、保険経済の健全な運営を図るために被保険者が一定期間保険料を納付することが必要であり、また同時に、一定期間産業のために貢献した実績が要求されるからである。

被保険者期間を算定する対象となる期間（原則として離職する日以前の2年間をいう）を算定対象期間という。算定対象期間が設けられたのは、雇用保険法の保護を受ける労働者は、失業の時点で一定期間雇用関係にあり、自己の生活がその雇用労働に依存していたという現実が必要であって、失業の時期とあまりにかけ離れた雇用期間を基本手当の算定基礎にすることは適当ではないと考えられたからである。

(3) 失業の認定

　失業の認定とは、公共職業安定所が受給資格の決定を行った者について、失業の認定日に、その日より前の特定期間中の各日について、その者が失業していたか否かを確かめ、当該期間中に係る失業の日を確定させることをいう（雇保15条）。

第6節　基本手当の給付と制限

1. 基本手当の給付

(1) 基本手当日額

　雇用保険で受給できる1日当たりの金額を「基本手当日額」という（雇保16条）。基本手当日額は、離職前の賃金日額に一定の給付率を乗じて算出される。ただし、離職者間の賃金格差をそのまま維持するのではなく、一定程度平準化させ、所得再配分を行うために、離職前の賃金日額が高いものはその程度に応じて給付率を低減させている（これを「低厚高薄」という）。

　基本手当の日額は、受給資格者の賃金日額（原則として被保険者期間として計算された最後の6ヶ月に支払われた賃金総額を180で除した額。雇保17条）に応じて最高80％から最低50％までの範囲で定めることとされている。ただし、基本手当日額は年齢区分ごとにその上限額が定められている。

(2) 受給期間

　基本手当の支給を受けることができる期間を受給期間という。受給期間は原則として離職の日の翌日から起算して1年間に限られる（雇保20条1項1号）。基本手当の受給期間を離職の日の翌日から起算して1年間に限っているのは、基本手当の給付が本来短期的な失業の保護を目的とするからである。

受給期間の延長

　ただし、この期間内に妊娠、出産、育児その他厚生労働省令で定める理由により引き続き30日以上職業に就くことができない場合には、その理由により職業に就くことができない日数を、4年間を上限として加算することができる（雇保20条1項）。雇用保険法施行規則30条によれば、受給期間を延長し得る理由としては、疾病又は負傷のほか、「管轄公共職業安定所の長がやむを得ないと認めるもの」が挙げられる。

　いかなる場合が「やむを得ないと認めるもの」に当たるかは、受給期間の延長制度は上記原則に対する特例であることから、合理性の認められる一定のものに限定される、とするのが裁判例である（三鷹職安所長事件・東京地判昭和58・1・31労判402号22頁）。

(3)　特定受給資格者、特定理由離職者

　2000年の雇用保険法改正は、雇用保険財政の急激な悪化を受けて保険料負担を引き上げるとともに、真に給付が必要な者に給付を重点化する改正が行われ、解雇等により離職した者（特定受給資格者）に十分な給付日数を確保することになった（雇保23条2項）。その後2007年には、受給資格要件をこれまでの「離職前1年間6ヶ月以上の保険加入」から「離職前2年間12ヶ月以上の保険加入期間」に改めたが、特定受給資格者については引き続き従前のままとした（雇保13条2項）。また、2009年改正法は、セーフティネット機能の強化のために、契約更新がなされず離職した有期雇用労働者の受給資格要件を特定資格受給者と同様の取扱いにした（特定理由離職者。雇保13条2項）[4]。

(a)　特定受給資格者の範囲

【事例】Xは、平成26年4月1日に大阪入国管理局の期間業務職員（事務補佐員）として採用されたが、大阪入国管理局長から、平成27年3月31日の経過をもって、任期満了により退職したこととされた。Xは、阿倍野公共職業安定所長から失業の認定を受け、基本手当の支給を受けていたところ、平成28年4月15日付けで、雇用保険法23条2項の特定受給資格者に該当しないことを理由に、同年3月31日以降基本手当を支給しない旨の処分を受けた。Xは、本件処分が違法であると主張して、国（Y）に対し、本件処

4　濱口桂一郎『日本の労働政策』（2018年、労働政策研究・研修機構）173-175頁。

分の取消しを求めた。なお、離職証明書等の「離職理由欄」の「事業主記
入欄」には、原告の離職は、採用時等にあらかじめ定められた雇用期限到
来による離職であり、具体的事情として、任期満了による退職である旨、
労働者から契約の更新又は延長を希望しない旨の申出があった旨の記載が
されていた。

　特定受給資格者については雇用保険法施行規則36条列挙の事由により退
職したものをいう。

　特定受給資格者に該当する場合として、倒産などにより離職した者（雇
保23条2項1号、同施行規則35条）と解雇等により離職した者（雇保23条2項
2号、同施行規則第36条）と定義している。具体的には、次のような者である。

　　(ア)　倒産などにより退職した者

　　　・倒産により退職した者

　　　・事業所の廃止により退職した者

　　　・事業所の移転により通勤が困難になった者

　　(イ)　解雇等により離職した者

　　　主なものとして、厚生労働省は以下の例を挙げている（「雇用保険に
　　　関する業務取扱要領」の「一般被保険者の求職者給付」第4の1(5)）。

　　　・解雇により離職した者（重大な自己責任により解雇された者は除く）

　　　・給料が以前に比べ85％未満になったために離職した者

　　　・過重な長時間労働があったために離職した者（過重労働とは、退職
　　　　前6ヶ月以内に、時間外労働時間が①3ヶ月連続で45時間以上、②1ヶ
　　　　月で100時間以上、③2ヶ月〜6ヶ月の間平均して月80時間を超える場合
　　　　をいう）

　　　・期間の定めのある労働契約を3年以上継続して更新された場合に
　　　　おいて、更新されずに離職した者

　　　・上司や同僚から著しい冷遇、嫌がらせを受けて退職した者

　　　・事業主から直接または間接的に退職するよう勧奨を受けて退職し
　　　　た者

　【事例】に示した事例で、阿倍野公共職業安定所事件・大阪地判平成
31・4・24判例集未登載は、以下のように判示した。

　「期間の定めのある労働契約の締結に際し当該労働契約が更新されることが明示された場合において当該労働契約が更新されないこととなったこと」（雇保施行規則36条 7 の 2 号）を理由として離職した者は、特定受給資格者（雇保23条 2 項）に当たり、その所定給付日数は、当該特定受給資格者の区分に応じて定められている（同条 1 項）。

　雇用保険業務取扱要領は上記雇用保険法施行規則36条 7 の 2 号の適用範囲について、「ａ　被保険者資格を取得する時点で期間の定めのある雇用契約であったとしても当該契約を更新又は延長する旨が雇入通知書等により明示されている場合」（要件ａ）、「ｂ　労働契約の更新を労働者が希望していたにもかかわらず、契約更新がなされなかった場合」（要件ｂ）のいずれの要件も満たす場合に、同条 7 の 2 号を適用すると定め、「労働者が本人の申し出により契約更新をしない場合」は要件ｂを満たさないとしている。

　本件では、裁判所は、本人が自分の意思で契約更新をしなかったという事実を認定して、Ｘは特定受給資格者ではないと判断した。

(b)　特定理由離職者の範囲　　特定理由離職者とは、雇用保険法13条 3 項及び同法施行規則19条の 2 で次のように定義されている。

　(ア)　特定受給資格者以外の者で、期間の定めのある労働契約の期間が満了し、かつ、当該労働契約の更新がないこと（その者が当該更新を希望したにもかかわらず、当該更新についての合意が成立するに至らなかった場合に限る。）

　(イ)　雇用保険法33条の正当な理由のある自己都合退職者
　　主なものとして、厚生労働省は以下の例を挙げている（「雇用保険に関する業務取扱要領」の「一般被保険者の求職者給付」第 4 の 1 (5-2)）。
　　・有期の雇用契約が満了し、更新されなかった者
　　・体力不足・心身障害などにより業務遂行が困難になった者
　　・妊娠・出産などで退職し、かつ受給期間延長措置を受けた者
　　・父母の扶養介護が必要になったなどの家庭事情が急変して離職した者あるいは、通勤が困難になって離職した場合、例えば、結婚

に伴い住居が変わり退職した者、子供の保育所が遠くなったために離職した者、配偶者が転勤・転職したために離職した者

(4) 特定受給資格者又は特定理由離職者の判定

特定理由離職者及び特定受給資格者に該当するか否かの認定については、給付制限の処分の判断と併せて、離職者の住所又は居所を管轄する公共職業安定所がこれを行う。

離職理由の判定は、①事業主が主張する離職理由を離職証明書の離職理由欄により把握した後、離職者が主張する離職理由を離職票の離職理由欄により把握することによって、両者の主張を把握するのみならず、②その際にはそれぞれの主張を確認できる資料による事実確認を行った上で、最終的に安定所等において判定する。

したがって、事業主又は離職者の主張のみで判定するものではない。

(5) 所定給付日数

受給資格者が基本手当の支給を受けることができる日数を所定給付日数という。所定給付日数は、求職者の属性による再就職の困難度、離職理由、年齢階層及び被保険者期間別に長短を定めている（雇保22条）。

離職理由については、会社都合の理由、すなわち、倒産、解雇等により離職を余儀なくされた「特定受給資格者」に対しては、一般の離職者より所定給付日数を長くし、自発的離職者には短くしている。

また、「特定受給資格者」に当たらなくても、特定の条件を満たす場合、正当な理由のある自己都合退職とみなし、「特定理由離職者」として「特定受給資格者」と同様な取扱いをしている（雇保24条の2）。

⒜　**特定受給資格者・特定理由離職者の所定給付日数**

表 5

区分＼被保険者であった期間	1 年未満	1 年以上 5 年未満	5 年以上 10年未満	10年以上 20年未満	20年以上
30歳未満	90日	90日	120日	180日	－
30歳以上35歳未満		120日	180日	210日	240日
35歳以上45歳未満		150日		240日	270日
45歳以上60歳未満		180日	240日	270日	330日
60歳以上65歳未満		150日	180日	210日	240日

⒝　**特定受給資格者以外の者（一般受給資格者）**

表 6

区分＼被保険者であった期間	1 年未満	1 年以上 5 年未満	5 年以上 10年未満	10年以上 20年未満	20年以上
全年齢	－	90日		120日	150日

⒞　**就職困難な者（障害者等）**

表 7

区分＼被保険者であった期間	1 年未満	1 年以上 5 年未満	5 年以上 10年未満	10年以上 20年未満	20年以上
45歳未満	150日	300日			
45歳以上65歳未満		360日			

⑹　**訓練延長給付**

　受給資格者が公共職業安定所の指示した公共職業訓練等を受講する場合は、所定給付日数分の基本手当の支給終了後もなお公共職業訓練等を受けるために待機している期間、公共職業訓練等を受講している期間、公共職業訓練等の受給が終了してもなお就職が相当程度に困難である場合には、受講終了後の一定期間基本手当の支給を受けることができる（雇保24条 1 項、 2 項）。

2.　給付制限

　受給資格者に対して失業給付の支給を拒否したり、制限することを「失格」又は「給付制限」という。雇用保険法は、32条から34条において、公共職業

安定所による紹介した職業に就くことの拒否、自己の責めに帰すべき重大な理由による解雇、正当な理由のない自己都合退職、不正行為による求職者給付の受給等を給付制限事由として規定している。

　現在の給付制限のあり方、すなわち、給付制限となる事由とその判定について、これまで学説からいくつかの批判がなされている。ILOのレポートによれば、雇用保険を受給していない失業者の割合は日本では77％にのぼり[5]、雇用保険が失業者にとって所得補償としての機能を果たしていないことが指摘されている。

(1)　公共職業安定所による適職紹介等の拒否

　受給資格者が、公共職業安定所の紹介する職業に就くこと及び公共職業安定所長の指示する公共職業訓練等の受講を拒否したとき、公共職業安定所の指示した補導を受けることを拒否したとき、その拒んだ日から起算して１ヶ月間、基本手当を受給することができない（雇保32条）。

　これは、受給資格者が基本手当の受給に依存し、怠惰に陥ることを防止し、雇用保険制度の重要な目的である再就職促進の効果的に達成しようとするものである。

(2)　正当な理由がない自己都合退職

　雇用保険法33条１項は、正当な理由がなく自己の都合によって退職した場合には、１ヶ月以上３ヶ月以内の間で公共職業安定所長が定める期間（現状では給付制限期間を５年間のうち２回までに限り、２ヶ月としている）は、基本手当を支給しないと規定している（これは全く支給しないのではなく、一定期間支給開始を遅らせるものである）。

　退職した被保険者が失業給付の支給を受けることができるためには、その失業の原因が、正当なものであると社会的に是認され、これに対する必要性が社会的に要求されるものに限られる。

5　ILO, The Financial and Economic crisis: A Decent Work Response, 2009, p.16.
　Figure5参照。

　しかしながら、その後の事情が「失業」の要件を満たせばこれを保護する必要があるから、この両者を調整したものが本条の取扱いである。すなわち、正当な理由のない自己都合による退職の場合であっても、一定期間が経過した後は、非任意的な失業と認められる事情があるので、支給を行うこととしている。

　ここで「正当な理由がなく自己の都合によって退職した場合」とはどのような場合か。これをめぐっては議論がある。

　「自己の都合」による退職とは、法形式的に事業主・労働者の合意解約による退職又は労働者側の一方的な解約の意思表示（辞職）により退職する場合を指す。いずれも労働者側の意思に基づく退職というが、実態として、退職事由が事業主に起因する場合も少なくない。そこで、雇用保険法は、正当な理由がない自己都合退職に限って給付制限を行っている。

　行政解釈は、「正当な理由とは、事業所の状況、被保険者の健康状態、家庭の事情その他からみてその退職が真にやむを得ないものであることが客観的に認められる場合をいい、被保険者の主観的判断は考慮されない。」としている。この認定は厚生労働大臣の定める基準によって判断される（「雇用保険に関する業務取扱要領」の「一般被保険者の求職者給付」第12の3(3)）。

「正当な理由」のある退職

　「正当な理由」があるとされる場合は、①事業所の倒産、②大量・相当数の人員整理、③適用事業所の廃止、④採用条件と労働条件の著しい相違、⑤賃金の未払い、遅払いの継続、⑥賃金額の低下（予見可能なものに限る）、⑦過重な時間外労働、生命・身体に関し障害が生じるおそれがある法令違反に対する不改善、⑧労働者の職種転換等に対して、事業主が当該労働者の職業生活の継続のために必要な配慮を行っていない、⑨上司、同僚等からの故意の排斥又は著しい冷遇若しくは嫌がらせ、⑩退職勧奨、希望退職の募集、⑪全日休業による休業手当の3ヶ月以上の継続支払い、⑫事業主の事業内容の法令違反、⑬被保険者の身体的条件の減退、⑭妊娠、出産、育児等により退職し、受給期間延長措置を90日以上受けた、⑮家庭の事情の急変、⑯配偶者等との別居生活の継続の困難、⑰一定の理由による通勤不可能又は困難が挙げられる。

⑶　自己の責めに帰すべき重大な理由による解雇

被保険者が自己の責めに帰すべき重大な理由によって解雇された場合、3ヶ月間基本手当は支給されない（雇保33条）。

この場合、離職した理由は解雇（非任意的な離職）であるが、解雇をもたらした原因は労働者の行為にあり、かつそれが重大である場合には、離職した理由が正当なものであると社会的に認められず、それに対する保護の必要性が社会的に要求されるものではないといえる。

「自己の責めに帰すべき」とは、故意又は重過失の場合を指し、「重大な理由」とは、解雇の事由となった行為の結果又は影響が重大である場合をいう。しかし、こうした場合が具体的にどのような場合かを一概に判断するのは難しい。

⑷　不正受給に対する失格

偽りその他不正な行為により求職者給付又は就職促進給付を受け又は受けようとした者は、これらの給付の支給を受け、又は受けようとした日以後、基本手当の支給を受けることができない（雇保34条1項）。

偽りその他不正な行為により求職者給付等を受け又は受けようとしたときは、刑法の詐欺罪等の規定により処罰される場合もあるが、これとは別に、雇用保険制度を乱すような、権利の享有に値しない者から基本手当等の権利を剥奪する制度がこれである。

ただし、このような不正受給の中には不正の度合いの軽微な者や、反省の情が顕著な者がいる。そこで、やむを得ない理由がある場合には、基本手当の全部又は一部を支給することができるとして、事案に即した措置を講じることができるようにしている（雇保34条1項但書）。

不正受給の例としては、①実際には行っていない求職活動を「失業認定申告書」に実績として記すなど偽りの申告を行った場合、②就職や就労（パートタイマー、アルバイト、派遣就業、試用期間、研修期間、日雇などを含む。）したにもかかわらず、「失業認定申告書」にその事実を記さず、偽りの申告を行った場合、③自営や請負により事業を始めているにもかかわらず、「失業認定申告書」にその事実を記さず、偽りの申告を行った場合、④内職や手伝い

をした事実及びその収入を「失業認定申告書」に記さず、偽りの申告を行った場合などがある。

　不正行為が行われた場合、その不正行為があった日以降の日について、基本手当等が一切支給されず、不正に受給した基本手当等の相当額（不正受給金額）の返還が命ぜられる。さらに、返還が命ぜられた不正受給金額とは別に、直接不正の行為により支給を受けた額の2倍に相当する額以下の金額の納付（支給額分の返還と合わせて「3倍返し」）が命ぜられる（雇保10条の4）。

第7節　基本手当以外の求職者給付

　特定のタイプの労働者については、保護の必要性、行政手続上の考慮そして財政的な考慮から、通常の労働者とは異なる取扱いがなされている。どのようなタイプの労働者を特別に取り扱うかは国ごとに違っている。日本では、歴史的に、高年齢者、季節的労働者、日雇労働者について特別の制度を用意している。

1. 高年齢求職者給付

　65歳以上の高年齢求職者は、一般求職者と違って短時間勤務など多様な就業を希望することから、失業時には、公共職業安定所における職業紹介の支援を受けるだけではなく、本人が随時にフルタイム以外の多様な就業形態への求職活動を行えるように一時金を支給することとしている。

　そこで、同一の事業主の下で65歳以前から引き続き雇用されていた労働者が、65歳以後に離職した場合には、一般被保険者の求職者給付と異なり、高年齢求職者給付金が支給される（雇保37条の2）。高年齢求職者給付は、離職前の1年間に被保険者期間が通算して6ヶ月以上なければならない（高年齢受給資格。雇保37条の3）。

2. 短期雇用特例求職者給付

　被保険者であって、季節的に雇用される者のうち、①4ヶ月以内の期間を

定めて雇用される者又は②1週間の所定労働時間が20時間以上であって30時間未満の者のいずれにも該当しない者が失業した場合には、雇用保険法40条に定める特例一時金の支給を受ける（雇保38条）。

特例一時金の受給資格は、離職前に1年間に被保険者期間が通算して6ヶ月以上あることが必要である（雇保39条）。

3. 日雇労働求職者給付

かつて日雇労働者に対する失業保険の適用については意見の対立がみられ、失業保険法制定時には日雇労働者に対する保険適用は一旦見送られた。雇用する事業主、労働に従事する場所、賃金が日々異なる日雇労働者を保険対象とすることに技術的困難があったからである。しかし、失業の危険は通常の労働者より日雇労働者の方が大きくかつ切実であり、1949年の失業保険法改正により日雇労働者が適用対象に加えられた。

雇用保険法は、日雇労働者については、その就労の実態に合わせて他の求職者給付とは異なる特別の制度を設けている。

(1) 日雇労働者

日雇労働者とは、①日々雇用される者又は②30日以内の期間を定めて雇用されるものをいう（雇保42条）。ただし、同一の事業主の下で連続する2ヶ月のそれぞれの月に18日以上雇用された者は、ここにいう日雇労働者に当たらない（同法6条1項2号）。この者は一般の被保険者となる。

(2) 日雇労働被保険者

被保険者である日雇労働者で、①東京23区、②公共職業安定所の所在する市町村の区域、又は③これに隣接する市町村の全部又は一部の区域で厚生労働大臣が指定する区域（これを「適用区域」という）に居住するものは、失業した場合、日雇労働求職者給付金を受給できる（雇保43条）。被保険者である日雇労働者で、公共職業安定所により日雇労働者の認可を受けた者が失業した場合も同様である。

(3)　日雇労働求職者給付金の支給

　日雇労働求職者給付金は、日雇労働被保険者が失業した場合において、その失業の日の属する月の前2ヶ月に、「印紙保険料」が通算して26日分以上納付されているとき、受給資格は認められる（雇保45条）。この者は、公共職業安定所による失業の認定を受けなければならない（同法47条）。

第8節　再就職促進、教育訓練及び高年齢者の雇用継続

　雇用保険は失業給付にとどまらず、再就職を促進し、求職者が主体的に教育訓練を受け、高年齢者が雇用継続することを支援するための様々な給付を提供している。

1.　就職促進給付

　就職促進給付とは、受給資格者の再就職を支援する給付であり、就業促進手当、移転費、求職活動支援費がある。

(1)　就業促進手当

　就業促進手当の意義は、失業給付（基本手当）のスパイク効果（失業保険給付期間が満期に近くなるまで、失業から離脱する確率が上がってこないこと）を減少させ、雇用保険財政の負担軽減や節約に寄与する点にあるといわれる。そこで、早期に再就職した者に対して給付を行うことにより、再就職意欲を高めるために導入された制度である。主なものとして、再就職手当、就業手当がある。

　再就職手当は、所定支給日数を大幅に残して安定した職業（正社員）に就職した場合に支給されるものである（雇保56条の3第1項1号ロ）。就業手当は、所定支給日数を大幅に残してパート、契約社員などの非正規社員に就職した場合に支給される「非常用就業型」の制度である（雇保56条の3第1項1号イ）。

(2) 移転費、求職活動支援費

移転費は、受給資格者が公共職業安定所の紹介した職業に就くため、又は公共職業安定所の指示した公共職業訓練を受けるために、その住所等を変更する場合に、公共職業安定所が必要と認めたとき支給される（雇保58条）。

求職活動支援費は、遠方の企業説明会や面接に参加する際に必要な交通費や宿泊費などを支援する広域求職活動費、再就職するために1ヶ月未満の教育訓練を修了した際の費用を支援する短期訓練受講費、転職活動のために利用した保育等のサービスの費用を支援する求職活動関係役務利用費がある（雇保59条1項）。

2. 教育訓練給付

労働者の職業能力開発を促進するために、国は企業内の職業訓練に対する支援や公共職業訓練の充実を図っているが、こうした画一的な能力開発だけではなく、労働者個人が生涯にわたるキャリア形成を意識して主体的に取り組む必要性がある。

労働者が主体的な取組を行う場合に大きな障害となるのは時間的制約と費用面での制約である。そこで、労働者が選択した教育訓練を受講した場合、自ら負担した費用の一部を支給する制度として、教育訓練給付が1998年に創設された。

職業訓練については、雇用保険2事業の中で事業主に対して助成金を支給しているが、労働者個人に対して支給するためには、雇用保険2事業では対処できないため、この給付は本体給付である失業等給付の中に教育訓練給付金として位置付けたのである。

この給付は、失業しているか否かを問わずに受給できるものであり、具体的には、一定の要件を満たす雇用保険の一般被保険者（在職者）又は一般被保険者であった者（離職者）が厚生労働大臣の指定する教育訓練を受講し修了した場合、教育訓練施設に支払った教育訓練経費の一定割合に相当する額（上限あり）を被保険者に支給するというものである（雇保60条の2第1項。詳細は第10章4節参照）。

3.　雇用継続給付

　雇用継続給付は、高齢者の雇用継続、育児・介護休業中の労働者の雇用継続を支援する給付である。これら、「雇用の継続が困難となる事由が生じた場合」を保険事故として被保険者に給付を行うことにより、失業を防止し、失業給付の節約と保険料収入の維持・確保を目的として、1994年に導入された制度である。高年齢者雇用継続給付と育児・介護休業給付がある。

(1)　高年齢雇用継続給付

　高年齢雇用継続給付は、基本手当を受給していない被保険者に支給する「高年齢雇用継続基本給付金」と、基本手当を受給し60歳以後再就職した場合に支給する「高年齢再就職給付金」とに分かれる（雇保61条、61条の2）。共に、雇用保険の被保険者であった期間が5年以上ある60歳以上65歳未満の一般被保険者が、原則として60歳以降の賃金が60歳時点に比べて、75％未満に低下した状態で働き続ける場合に支給される。高年齢雇用継続給付金は同一労働・同一賃金原則が法定化されるに伴い、2025年から給付額を削減し、段階的に廃止される見通しとなっている。

(2)　育児介護休業給付

　育児休業給付には、育児休業期間中に支給される「育児休業給付金」がある（雇保61条の6、61条の7）。この給付は、2020年3月までは雇用継続給付のひとつとされていたが、育児休業制度の浸透に伴い受給者が増加し、2020年度には給付額が基本手当に匹敵する額となることが見込まれた。このまま育児休業給付と求職者給付とを一体的に運営すると財政状況が悪化することが懸念されるため、2020年4月から、失業等給付と異なる給付体系に位置付けた。

　育児休業給付は、被保険者が1歳又は1歳2ヶ月（支給対象期間の延長に該当する場合は1歳6ヶ月）未満の子を養育するために育児休業を取得した場合に、休業開始前の2年間に賃金支払基礎日数が11日以上ある月が12か月以上あれば、受給資格の決定を受けることができる（雇保61条の7）。

介護休業給付金は、家族を介護するための休業をした場合に介護休業開始日前2年間に、賃金支払基礎日数が11日以上ある月が12ヶ月以上ある場合に受給資格が得られる（雇保61条の4）。

　育児や介護を行う労働者が子の看護休暇や介護休暇を柔軟に取得することができるよう、2021年1月から、時間単位で休暇を取得できるようになった。

第9節　雇用保険給付の権利救済

1.　被保険者の権利

　被保険者である求職者は、公共職業安定所に対して求職の申込みを行い、公共職業安定所が申込者の受給資格を決定し、さらに失業を認定したとき、認定を受けた失業期間について現実に基本手当等の支給を請求することができる。

　雇用保険法11条は、失業等給付を受ける権利の譲渡、担保供与、差押えを禁止しているが、ここでいう「失業等給付を受ける権利」とはいかなる権利を指しているのだろうか。

　一般には、11条の見出しが「受給権」と明記していることから、この権利を受給権と呼んでいる。そして、受給権とは、失業保険法制定当時から、失業認定を受けた後の失業保険金の支給を受けるべき期日までの間において既に発生した請求権をいうと解されてきた。したがって、受給権は、公共職業安定所が受給資格を決定し失業認定した後に発生する、支給額が確定した金銭の支払いを求める権利ということになる。

　受給権が発生するためには、まず、公共職業安定所が受給資格を決定し、失業を認定することが前提となる。とすれば、被保険者はその権利を実現するためには、公共職業安定所に対して失業等給付の支給に関する決定（受給資格の決定と失業認定等）を行うよう請求する権利があるとみるべきであろう。

　以上のように考えると、失業等給付を受ける権利は、失業等給付の支給に関する決定を請求する権利（これを仮に「支給決定請求権」と呼ぶ）と、この決

定がなされた後に現実に一定の金額の支払いを請求する権利（これを「受給権」と呼ぶ）に分けるべきである。

支給決定請求権と受給権

　堀勝洋『社会保障法総論（第 2 版）』（東京大学出版会、2004年）224頁は「社会保障給付に関する権利は、受給主体が支給主体に対して給付を行うよう求める権利であり、請求権である。社会保障給付には、法令上の受給要件を満たしても具体的な権利が発生するとは限らず、行政庁による一定の行為を必要とするものがある。このように受給に必要な行政庁の行為がなされ、実際に給付を受けることができるようになった権利を『受給権』と呼び、行政庁の行為がなされる前の権利を『請求権』と呼んで、区別するのが適切である。」としている。この記述に従い、本書では、公共職業安定所に対し受給のために必要な行為（受給資格決定と失業認定の行為）を求める権利を「支給決定請求権」と呼び、実際に失業給付を受けることができるようになった権利を「受給権」と呼ぶ。

2.　受給権の保障

　受給権は、譲り渡し、担保に供し、又は差し押さえることができない。受給権は、受給者の一身専属的な権利であり、かつ、失業者の最低生活を保障することを主たる目的としているので、その目的のために使用されることを確保するためにこの規定は設けられている。

　失業等給付の受給権を有する者が死亡した場合、その者に未支給の失業等給付がある場合は、一定範囲の遺族は、その未支給の失業等給付の支給を請求することができる。一定範囲の遺族とは、その者の配偶者、子、父母、孫、祖父母又は兄弟姉妹であって、その者の死亡当時、その者と生計を同じくしていたものをいう（雇保10条の 3）。

3.　支給決定請求権

　失業者が失業給付を受給するためには、行政庁である公共職業安定所が受給資格を決定し、失業の認定を行う行為が必要である。支給決定請求権とは、失業給付金そのものの支給を求めるのではなく、行政庁の支給決定という処分を求める請求権である。

一般に、行政処分に不服のある者は、その処分又は不作為に係る行政庁に対して審査請求を行うことができる（行政不服審査法2条）。これに対して、雇用保険法69条は、雇用保険の被保険者身分の得喪に関する処分、失業等給付の支給に関する処分、不正受給に係る失業等給付の返還命令又は納付命令に関して不服がある者は、雇用保険審査官に審査請求をし、その決定に不服のある者は、労働保険審査会に対して再審査請求を行うことができる。このような特別の審査手続を設けた理由は、上記の処分に対する不服申立てが大量になされること、その判断に当たり高度の専門的、技術的知識を要することにある。

　失業等給付に関する処分には、求職者給付及び就職促進給付、教育訓練給付、雇用継続給付に関する処分があるが、ここでは求職者給付に絞って記述する。

　求職者給付の処分としては、①受給資格の否認、②被保険者の種類の確認、③受給期間延長の申出の不承認、④所定給付日数の決定、⑤基本手当日額の決定、⑥失業の不認定、⑦給付制限、⑧不正受給による支給停止処分などがある。このほか、教育訓練給付に関する処分、雇用継続給付に関する処分がある。

　審査請求及び再審査請求については、行政不服審査法の適用がなく（雇保69条4項）、雇用保険の処分に関する行政訴訟は必ず労働保険審査官及び労働保険審査会の裁決を経た後に提起することができる（雇保71条）。

　私人が行政庁に対して法令に基づく申請をしたにもかかわらず、行政庁が処分をしない場合、私人は、不作為の違法確認訴訟（行訴3条5項）と、義務付け訴訟（同条6項）を裁判所に提起することができる。

不作為の違法確認訴訟、義務付け訴訟

　不作為の違法確認訴訟は、法令に基づく申請の不作為の違法確認を求めるものであり、処分又は裁決について申請をした者が原告適格を有する。したがって、不作為の違法確認訴訟は、法令に基づく申請制度（申請権）の存在が前提となる。本書は、上記のように、雇用保険に係わる処分を行う権利（支給決定請求権）を認めるものであるので、受給資格を有する失業者が、公共職業安定所に法令に基づき求職の申請を行うことにより、原告適格を有すると解することができる。

　義務付け訴訟は、行政庁が一定の処分・裁決をすべきであるにもかかわらず、これがされない場合に、行政庁がその処分・裁決をすべき旨を命ずることを求める訴訟である。これには、非申請型と申請型の2類型がある。雇用保険に係わる紛争は、申請型（行訴3条6項2号）に該当し、「当該法令に基づく申請又は審査請求に対し相当の期間内に何らの処分又は裁決がされない」場合又は「当該法令に基づく申請又は審査請求を却下し又は棄却する旨の処分又は裁決がされた場合において、当該処分又は裁決が取り消されるべきであり、又は無効若しくは不存在である」場合（同法37条の3第1項1号・2号）に提起することができる。

　失業等給付の支給を受ける権利は、これを給付できる時から2年を経過したときは時効により消滅する（雇保74条）。

第9章
雇用政策法

第1節　雇用政策法の概念と雇用政策の目的

1.　雇用政策法の概念

　われわれは時代ごとに様々な雇用問題に直面してきた。1950年代までは主に失業が問題だったが、高度経済成長期に入ると、若年労働力を中心に人手不足が深刻となり、また、中高年齢層では産業構造の転換に伴う広域労働移動が課題となった。1980年代以降、女性の労働市場への参入と男女格差、非正規雇用の拡大、そして2000年代、少子化による労働力人口の減少と高齢化が問題となった。

　これらには、求職者・求人企業、職業仲介事業者の自主的・自発的な活動だけで解決できないものもある。そこで、国は、これらの問題を解決するために、様々な形で労働市場に介入している。

　雇用政策とは、雇用に関する様々な課題を解決するために、国が労働市場に介入する際に用いる施策の総称である。従来、国の労働施策の目的・種類は雇用対策法が規定していたが、2018年に働き方改革を通じて労働施策の総合的推進が進められ、それに対応するように、法律の名称を労働施策総合推進法（正式名は「労働施策の総合的な推進並びに労働者の雇用の安定及び職業生活の充実等に関する法律」という）に改めた。

パワハラ防止措置

　労働施策総合推進法は2020年に改正され、30条の2でパワハラ防止措置を規定している。同条1項は「事業主は、職場において行われる優越的な関係を背景とした言動であつて、業務上必要かつ相当な範囲を超えたものによりその雇用する労働者の就業環境が害されることのないよう、当該労働者からの相談に応じ、適切に対応するために必要な体制の整備その他の雇用管理上必要な措置を講じなければならない。」と規定している。これにより、同法は「パワハラ防止法」とも呼ばれている。

　同法1条は、国が、労働に関し必要な施策を総合的に講ずることにより、労働者がその多様な事情に応じて就業をすることを通じてその有する能力を有効に発揮するとともに、労働生産性の向上を図り、これにより労働者の職業の安定を図るとともに、経済及び社会の発展並びに完全雇用の達成に資することを法の目的としている。

　これまでの雇用対策法は、施策の目標を主にひとつの企業における雇用の安定に重点を置いていたが、2020年の改正により、就業の多様化を踏まえ個人がその多様な事情に応じて就業を選択できること、個人の職業能力が公正に評価され、その能力に適合した職業に就くことにより職業生活の全期間にわたって職業の安定が図るようにすることを政策理念とすることになった。

　同法4条は、旧雇用対策法において国が行う施策として11種類（その他を除いて）の政策を列挙していたが、労働施策総合推進法に改正され、その後もいくつかの施策が追加又は改正されている（次の表8「雇用政策の概要」参照）。

　本章では、まず、日本の労働市場の特徴を踏まえた基本的政策課題を検討した上で、失業予防・再就職促進、地域の雇用開発、高年齢者・若者・障害者など就職に困難がある者の雇用促進について、詳しく解説する。

　雇用政策は広義には、有効需要の拡大、産業構造の転換を図る経済政策・金融政策・租税政策などを含む。かつては、公共事業は地域の雇用創出の常套手段とされてきた。しかし、経済政策、金融政策などはそれぞれ独自の政策目的をもつ政策であり、これを全面的に論じるのは本書の射程から外れる。

　外国人に対する雇用政策は、「出入国管埋及び難民認定法」（入管法）、「外国人の技能実習の適正な実施及び技能実習生の保護に関する法律」（技能実習

法）などと密接に関係し、日本の外国人受入れ政策と切り離して論ずることはできない。また、女性の雇用対策は、「雇用の分野における男女の均等な機会及び待遇の確保等に関する法律」（男女雇用機会均等法）、「女性の職業生活における活躍の推進に関する法律」（女性活躍推進法）、「育児休業、介護休業等育児又は家族介護を行う労働者の福祉に関する法律」（育児介護休業法）と密接に関係し、今後注目すべき領域であるが、その施策は、女性の昇進などの積極的登用、男女差別のない雇用管理、仕事と家庭の両立支援など、企業内部の雇用関係を主な対象としている。以上の理由から、外部労働市場を主な対象としている本書では取り扱わない。

表 8　雇用政策の概要 （労推法 4 条 1 項の各号）

施策	政策目的	主な法令、具体的施策
働き方改革関連の施策（1 号：新設）	労働時間の短縮その他の労働条件の改善、多様な就業形態の普及及び就業形態の異なる労働者間の均等待遇の確保	労働基準法、有期・パートタイム労働法、労働者派遣法など
職業指導及び職業紹介に関する施策（2 号）	各人がその能力に適合する職業に就くことのあっせん	職業安定法
職業訓練及び職業能力検定に関する施策（3 号）	各人がその能力に適し、かつ、技術の進歩、産業構造の変動等に即応した技能を及び知識を習得し、これにふさわしい評価を受けることを促進	職業能力開発促進法
労働者の職業転換、地域間の移動、職場への適応を援助する施策（4 号）	就職困難者の就職を容易にし、労働力需給の不均衡を是正	労働施策総合推進法
失業予防・再就職促進の施策（5 号）	事業規模の縮小等の際に失業を予防し、離職する労働者の円滑な再就職への支援	雇用保険法（雇用調整助成金など）
職場情報・職場情報提供のための施策（6 号）	雇用管理、採用状況その他の職場情報又は職業情報の充実	インターネットハローワーク、職場情報提供サイト（日本版 O-NET）の開設
女性の職業の安定、ひとり親のため施策（7 号：改正）	女性の職業及び子の養育又は家族の介護を行う者の職業の安定を図るための女性の雇用継続・再就職の促進、ひとり親の雇用促進	育児介護休業法

青少年の雇用促進の施策（8号）	青少年の雇用管理の改善と実践的な職業能力の開発・向上	若者雇用促進法
高年齢者の職業の安定のための政策（9号）	定年の引上げ、継続雇用制度の導入、再就職の促進その他の高年齢者がその年齢にかかわりなくその意欲と能力に応じて就業することができるような施策	高年齢者雇用安定法
傷病の治療を受ける労働者の職業の安定（10号：新設）	傷病の治療を受ける労働者等の職業の安定を図るため、雇用の継続、雇用管理の改善及び離職を余儀なくされる労働者の円滑な再就職の促進を図るために必要な施策を充実すること	雇用保険法
障害者の雇用促進の施策（11号）	障害者の雇用促進、職業リハビリテーションの推進、障害者の職業生活における自立、障害者差別の解消	障害者雇用促進法
不安定な雇用状態を是正する施策（12号）	季節労働者に対する就業形態の改善を図ること	雇用保険法
外国人に対する労働対策（13号）	高度な専門的知識又は技術を有する外国人の就業の促進と、外国人のための適切な雇用機会の確保	入管法等
地域的な雇用開発の施策（14号）	構造の改善を図るために雇用機会が不足している地域における労働者の雇用の促進	地域雇用開発促進法
パワハラ防止の施策（15号：新設）	職場における就業環境を害する言動に起因する問題の解決を促進	労働施策総合推進法
その他の施策（16号）		

2.　雇用政策法と労働市場

　雇用政策は、その折々の労働市場の変化に対応しなければならないだけでなく、日本特有の労働市場の構造が雇用対策に大きく影響を与えている。すなわち、個々の政策においては、正規雇用と非正規雇用とが分離する日本的雇用システムと、2000年代に顕著となってきた人口減少と高齢化（長寿化）を常に視野に入れる必要がある。

(1) 正規・非正規雇用の分離構造

日本では、新卒一括採用から定年まで働く日本的雇用慣行を基礎とした内部労働市場が発達し、労働条件は企業組織内部で集団的に決定され、外部労働市場とのつながりが希薄であった。そのため、外部労働市場（失業者や非正規労働者の労働市場）を通じた労働力の需給調整機能は、企業という「島」の内部に影響を与えなかった。

労働市場のこの分離構造は、求職者の能力に適した職業の選択、出産・育児・介護などの生活環境の変化に伴う雇用形態の移行、産業構造の転換などによる労働力の移動などにおいて、賃金等の低下、中高年齢者の再就職の困難、女性労働者のいわゆるＭ字型就労（出産等の理由で正社員を退職し、育児期間を経てパートで勤務する就労パターン）などマイナスの作用をもたらしてきた。

非正規雇用労働者は、企業の事業組織の一部に組み入れられているが、その労働条件は外部労働市場によって決定されている人たちである。言い換えれば、いわゆる正規・非正規の格差の問題とは、一方では外部労働市場で労働条件が決定されている人たちを企業がその事業組織に取り込みながら、他方では企業内部の集団的労働条件決定システムから排除しているために生じた現象ともいえる。

日本的雇用慣行には、企業内部のメンバーの雇用を保障し労働条件を人単位で決定し、チームとしての生産性を高めるという利点があるとはいえ、労働移動を抑制し、ややもすれば非正規労働者の被差別意識を生み、モチベーションを低下させるという問題を生み出す。

労働市場の基本的問題は、長期雇用の安定を基軸とした長期雇用システムと、有期契約労働、派遣労働などの非正規雇用システムの隔絶・固定化にあり、この隔絶をいかに緩和していくかである。

この問題を解決するためには、雇用システム及び労働法政策全体の見直しが必要である。非正規雇用をめぐる最近の法改正の取組みをみると、労働契約法18条に定める有期契約労働者の無期転換制度、パートタイム・有期雇用労働法8条の不合理な労働条件の禁止、労働者派遣法40条の6の違法派遣における派遣先の労働契約申込みみなし制度などは、正規・非正規間の障壁を法的に解消する手段といえよう[1]。

　さらに、この方向を進める必要がある。求職者が、結婚・出産・育児・介護などの家庭生活面、転職・失業・再就職などの職業生活面の変化、又は老齢・疾病・障害などによる職業能力の制約など様々な状況変化の中で、その状況に合わせて多様な就業形態を選択し、スムーズに移行できるようにすることが大切となる。

　日本的雇用慣行のひとつの特徴は、企業組織内部の年齢を基準とした処遇制度にあると指摘されている。新規学卒者の一括採用、在籍年数を重視した昇格・昇給そして定年までの雇用保障は全て年齢を基準にしている。

　企業内部の処遇における年齢基準は、求職者にとって就職の際の障壁となる。年齢の如何を問わず社員としてスムーズに入職できるためには、募集・採用時における年齢基準を緩和する必要がある。してみると、募集・採用における年齢制限を抑制することは重要な一歩となるであろう（本節 5 参照）。

(2)　人口減少と高齢化（長寿化）

　日本の合計特殊出生率は、1975年に 2 を割り込んで以降、2005年には1.26まで落ち込んだ。その後、少し上昇しているが、出生数は減少傾向にある。人口は2008年の 1 億2808万人をピークに減少し、2030年には 1 億1662万人になると推計されている（厚労省・雇用政策研究会報告書（2015年12月））。

　また、人口の年齢構成も大きく変化し、少子高齢化がより一層進行すると予想されている。すなわち、1990年には生産年齢人口（15〜64歳）が69.7％、高齢者人口（65歳以上）が12.1％であったが、2030年にはそれぞれ、58.1％、31.6％になると推計されている（同報告書）。

　こうした人口減少と高齢化（長寿化）は、労働市場では労働力の減少圧力となり、今後、好景気により労働需要が強まるときには、労働力不足をもたらすことが予想される。特に、労働力の東京一極集中が進行する中で、地域の雇用機会の開発が喫緊の課題となっている。

　人口減少の基調が近い将来大きく変化しないとみた場合、国民全体が自発

1　非正規雇用をめぐる最近の立法動向については、鎌田耕一「非正規雇用をめぐる最近の立法動向と実務的課題」中央労働時報1205号（2016年）13頁以下参照。

的に労働に参画する社会の構築が求められる。雇用政策にとって、若年労働者の良質な仕事へのスムーズな移行、正社員の長時間労働の抑制、女性が働きながら出産・子育てできる就業環境の整備、中高年齢者の就業促進、障害者のやりがいのある就業機会の確保、地域の良質な雇用の創出と人材の環流が課題となっている。

　長寿化は、個人にとって生涯にわたる職業生活の安定をより強く意識させる要因である。かつては、60歳定年後は年金生活に入り、家族に囲まれて余生を送るというライフプランがあったが、核家族や単身者世帯が増加し、平均寿命が男女ともに80歳を超え、女性は90歳に近付こうとしている現在では、過去のものといってよい。

　現在、高年齢者雇用安定法により、65歳までの雇用確保措置が法律で企業に義務付けられている。年金支給開始年齢が65歳にまで引き上げられたことによるものである。年金財政の逼迫から将来的に支給開始年齢のさらなる引上げが予想される中で、企業にさらなる雇用継続を義務付けることは難しくなる。高齢者にとって、これまでに獲得した経験・技能をいかした「やりがいのある仕事」と「体力に見合った仕事」とをうまくマッチングするために、非雇用型就業を含めた就業機会の確保を国は押し進めている（高年齢者雇用安定法10条の２）。

(3)　基本的課題

　以上のことを踏まえると、雇用政策法の基本的課題は、少子高齢化（長寿化）、経済のグローバル化による競争の激化、急速な技術革新などが進む中で、労働市場のニーズに臨機応変に対応できるように個人の就業可能性を高め、個人がそのキャリア（職業経歴）を活かして自分の職業能力に適合した職業に就くことにより職業生活の全期間にわたって職業の安定を図ることにあると考えられる。そのためには、現在の日本型雇用社会をキャリア重視の雇用社会に転換し、かつ、職業生活の中で異なる就業形態間の円滑な移行を可能とすることが課題となろう。

　キャリア重視の雇用社会では、会社組織内での職位の上昇を目標とする「組織内キャリア」、専門的知識・スキルを深めて専門的職務に従事する「ス

ペシャリスト型キャリア」、そして、育児・介護などの家庭生活との調和の
ためにパートタイム労働に就いたり、人生のいきがいを求めて一時的に非正
規労働に就く「テンポラリー型キャリア」のように個人のキャリア形成をい
くつかに類型化し、それぞれのキャリア形成に応じた雇用政策を実施するこ
とが求められよう（図16参照）。

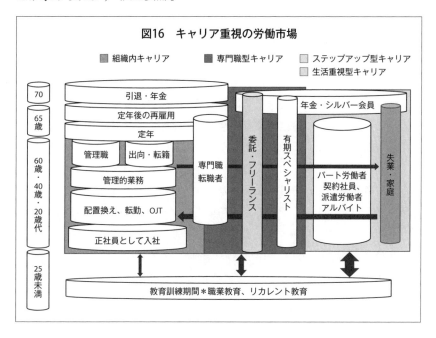

図16　キャリア重視の労働市場

3. 雇用政策の展開

　国がはじめて雇用政策の基本方針を定めたのは、1966年の雇用対策法制定
時においてであった。それ以前の雇用政策は、主に失業者対策であった。当
時は、失業対策事業と失業保険制度の整備が喫緊の課題であった。

　しかし、1950年代に高度経済成長に入ると、徐々に失業対策から若年労働
力への需要増と技能労働者不足、さらには、炭鉱業の衰退に伴う他産業への
労働力移動へと問題の重心はシフトしていった。

　1966年に労働省の雇用審議会がとりまとめた「雇用対策の大綱」は、学歴
偏重、年功序列、終身雇用などの雇用慣行を克服して、職業能力、職種を中

心とした近代的労働市場（職業別労働市場）の形成を政策課題としている。経済界も職業別労働市場にふさわしい賃金体系（職務給制度）の導入を強力に進めていた。

　他方で、雇用審議会は、完全雇用達成に向けた答申（1959年）において、所得の低い「不完全就業者」のうち「企業の常用労働者と同様の労働に従事しているものは、できるだけ常用雇用形態化する等の改善を図ること」を政策課題とした。当時の不完全就業者とは、臨時工・社外工等の、現在でいえば非正規労働者を指し、こうした人たちの正社員化が課題とされたのであった。

　こうした政府の方針は、一方では、欧米流の職業別労働市場の形成を目指しながら、他方で、不完全就業者の常用雇用化等を通じて日本的雇用慣行形成の種を蒔くものであったといえよう。

　その後、経済界の職務給導入運動が頓挫し、また、製造業における臨時工、造船業・鉄鋼業における社外工などの正社員化が進行することにより、日本的雇用慣行は定着する。そして、1970年代のオイルショックの雇用調整を経て、1975年の日本食塩事件最高裁判決（昭和50・4・25民集29巻4号456頁）による解雇権濫用の法理の確立、1974年の東芝柳町工場事件最高裁判決（昭和49・7・22民集28巻5号927頁）による雇止め法理の確立によって、日本的雇用慣行は法的にも定着する。

　国も、職業別労働市場へのこだわりをもちながら、徐々に、日本的雇用慣行を正面から認め、一企業における雇用の安定を雇用政策の基本とするようになる。1974年成立の雇用保険法は、雇用安定事業として雇用調整助成金を制度化し、1971年制定の中高年齢者雇用促進特措法は、定年延長推進政策を推し進めた。この時期、正社員を中心とした内部労働市場が支配的となった。

　ところが、こうした日本的雇用慣行を踏まえた政策は、1970年代後半からの第3次産業（サービス産業）の拡大、女性労働者のパートとしての労働市場参入、経済のグローバル化に伴う就業形態の多様化によって、正規・非正規の格差という新たな火種を生み出すことになる。1980年代に入ると、パートタイム労働者、契約社員、派遣労働者などのいわゆる非正規労働者が増加する。こうした雇用形態の多様化に伴い、1985年に労働者派遣法、男女雇用

機会均等法が制定された。

　さらに、1991年のバブル経済の破綻により、リストラが拡大し、中高年齢者の失業率が上昇する。同時に、若者雇用についても、いわゆる就職氷河期が到来し、新卒一括採用の仕組みに変調を来し、新卒者の 3 割近くがフリーターとなる事態が出現する。

　バブル崩壊期以降、非正規労働市場が拡大するだけではなく、正規・非正規間の格差の固定化が進行する。これと共に、パート、派遣、契約社員、請負労働者、嘱託等の間でも格差が生じることになる。パートは中高年齢の女性、派遣は若年から中年齢者の男女、請負労働者は中高年齢者の男性、嘱託は高年齢者が主たる担い手であった。

　こうした就業構造の分断とともに、将来的に労働力人口の減少が避けられないという状況認識の下で、雇用政策もこれまでの正社員雇用の安定を重視する政策から、就業形態の多様化と労働力減少の将来予測を踏まえた政策へと転換することになる。

　2000年の中央職業安定審議会提言は、「経済・産業構造の転換に対応した雇用政策の推進について」と題する建議において、技術革新による定型的な業務中心の職業から専門的能力を要する職業への転換の兆しと、終身雇用慣行、年功序列的賃金体系等の変化が見られることを指摘した上で、今後の雇用政策の推進に当たって、「景気変動等に対応した企業内での雇用の維持・確保とともに企業間移動を通じて雇用機会の確保を図り、労働者一人一人がその有する能力を高めて、安定した職業生活を送ることができるようにすることが重要」とした。

　2014年、政府は、今後 5 年間に取り組むべき雇用政策の基本的方針を示す「雇用政策基本方針」を発表した。これは、少子高齢化に伴う人口減少、グローバル化による競争の激化等の変化を踏まえ、社会全体での人材の最適配置・最大活用と全員参加の社会の実現を目標に掲げ、これに向けた具体的課題として、①労働市場インフラの戦略的強化、②個人の成長と意欲を企業の強みにつなげる雇用管理、③「全員参加の社会」にふさわしい働き方の構築、④良質な雇用の創出を掲げている。

4. 雇用政策の実効性確保

雇用政策法の特徴は、行政がその目的を実現するために、司法の伝統的な手法（裁判所による権利義務関係の確定と違反に対する損害賠償などの制裁、あるいは法律違反に対する行政的・刑事的制裁）以外の多様な手段を駆使するところにある。具体的には、雇用促進のための企業に対する金銭的支援、企業に対する雇用の強制的確保、独自の政策実施機関の存在などである。

(1) 雇用促進のための金銭的支援

雇用政策的措置の実効性確保のために大きな役割を果たしているのは、雇用保険を財源とする雇用保険2事業に基づく雇用関係助成金である（助成金の詳細は、第8章第3節2参照）。

例えば、フリーター、学卒未就職者などに対して、国は企業での実習を通じた雇入れを支援するためにトライアル雇用制度を設けているが、受入実習生1人当たり一定額（月額）の助成金（トライアル雇用助成金）を受入企業に支払っている。このように、国は事業主に対して一定の金銭的支援を行うことにより、雇用促進のインセンティブを与え、雇用機会を増大させている。

雇用関係助成金の原資は、雇用保険である。雇用保険は、雇用関連の助成金を支出するため、雇用安定事業と能力開発事業の2事業を展開している。

雇用関係助成金の内容は多種多様である。雇用関係助成金の種類は、雇用保険施行規則に定めている（詳細は第8章第3節2参照）。

雇用保険施行規則の規定に基づく雇用関係助成金の支給手続の大まかな流れは、まず、事業主が管轄労働局に申請書と審査に必要な添付書類を申請期間内に提出する。管轄労働局は、当該事業主が支給要件を満たすかどうか確認する。管轄労働局（場合によっては公共職業安定所を経由する）は、申請事業主が支給対象に該当するか否かを審査し、申請事業主が支給対象事業主に該当し、不支給要件に該当しない場合には、支給額の算定を行った上で、支給決定を行う。また、支給対象事業主に該当しないか、又は不支給要件に該当する場合は、不支給決定を行う。

(2)　雇用の強制的確保

　障害者雇用促進法は、身体障害者・知的障害者・精神障害者について、一般労働者と同じ水準において常用労働者となり得る機会を与えるために、常用労働者の数に対する障害者の雇用割合（障害者雇用率）を設定し、事業主等に対して障害者雇用率達成義務を課している。これは障害者雇用率制度と呼ばれる。

　高年齢者雇用安定法は、定年退職者が年金開始年齢に達するまでその雇用を確保できるようにするため、事業主にその雇用する常用労働者に対して65歳までの継続雇用を確保する制度の設置を義務付けている。これらは、定年退職者が希望すれば、65歳までの雇用を確保するものである。

　障害者雇用率制度、高年齢者の継続雇用制度は、企業に対する雇用強制手段といえ、その限りで、企業は採用の自由が制限されることになる。

(3)　雇用政策措置の実施機関

　労働施策総合推進法4条に定める国の雇用政策措置は、主として公共職業安定所（ハローワーク）が実施する。しかし、公共職業安定所の他に、国・都道府県、民間団体など様々な機関が雇用政策に関与している。国は、法令に定める事務・事業を行う機関として、特定の法人、すなわち、独立行政法人又は指定法人その他の団体に政策的措置を実施させている。

　独立行政法人とは、各府省の行政活動から政策の実施部門のうち一定の事務・事業を分離し、これを担当する機関に独立の法人格を与えて、業務の質の向上や活性化、効率性の向上、自立的な運営などを図ることを目的とする制度である。その組織については独立行政法人通則法が規定している。指定法人とは、法令等に基づき国の指定、認定、登録等を受けて、法令等で定められた特定の事務・事業を実施する法人である（ただし、独立行政法人、特殊法人、認可法人、共済組合等は除外されている）。

　雇用政策に関する事務・事業を行う独立行政法人、指定法人その他の団体は多数存在する。主なところでは、高年齢者に向けた政策実施には、独立行政法人高齢・障害・求職者支援機構、シルバー人材センター事業（指定法人）などがあり、若者対策には、地域若者サポートステーションがある。

独立行政法人高齢・障害・求職者雇用支援機構（JEED）

　独立行政法人高齢・障害・求職者雇用支援機構（JEED）は、①高年齢者等を雇用する事業主等に対する給付金の支給、高年齢者等の雇用に関する技術的事項についての事業主等に対する相談その他の援助、②障害者の自立を促進するための施設の設置及び運営、障害者の雇用に伴う経済的負担の調整の実施その他高年齢者等及び障害者の雇用を支援するための業務、③求職者その他の労働者の職業能力の開発及び向上を促進するための施設の設置及び運営の業務等を行っている。

　高年齢者雇用安定法37条は、高年齢者の就職支援のため、地方自治体が、定年退職後に、臨時的かつ短期的又は軽易な就業を希望する高年齢者に対して、地域の日常生活に密着した仕事を提供するために、シルバー人材センターを設置することを規定している。

　また、国は、若年無業者に対する支援のため、自立支援に実績のあるNPOなど各種団体に支援事業の委託をしている。こうした支援団体を地域若者サポートステーション（通称「サポステ」）という。

　これらは厚労省の委託を受けた事業であるが、純粋な民間団体として、政策目的の実現に協力している団体が多数存在している。例えば、企業が余剰人員を一時的に他企業に出向させたり、転籍させるために、その仲介機関として公益財団法人産業雇用安定センターが民間企業と連携している。

公益財団法人産業雇用安定センター

　産業雇用安定センターは、1987年に労働省（当時）と経済・産業団体の協力により、出向・移籍支援の専門機関として組織された公益法人で、事業主又は在職中の従業員に対して出向・移籍支援事業等を全国で実施している。具体的には、出向・移籍の送出し企業から送出しの情報、他方で受入企業から受入情報を収集し、双方に対して情報提供・相談、あっせん等を行っている。

5. 年齢による募集採用制限の禁止

　労働施策総合推進法9条は、「事業主は、労働者がその有する能力を有効に発揮するために必要であると認められるときとして厚生労働省令で定めるときは、労働者の募集及び採用について、厚生労働省令で定めるところによ

り、その年齢にかかわりなく均等な機会を与えなければならない。」と規定し、募集・採用における年齢による制限を禁止している。

　この規定を導入した趣旨は、事業主は、年齢にとらわれることなく個人の能力・経験に照らして募集・採用を行うこと、さらに、高年齢者、年長フリーターが年齢だけを理由に募集・採用から排除されることを防止することにある。日本では、日本的雇用慣行から一定年齢を超えた者に対して、募集・採用条件が制限され、不利益な地位に置かれるという実態があることから、国民がその年齢にかかわりなく、生涯現役として就労できるようにするために、年齢による募集・採用の制限を禁止したものである。

　この規定は年齢差別を禁止したものという理解もある。確かに、特定の年齢の者を募集・採用から排除することを禁止している点で差別禁止といえる。しかし男女差別、人種差別などの禁止とこれを同列に置くことはできない。なぜなら、第1に、誰しも等しく年を取るため年齢という基準は恣意的判断が入らない形式的平等が満たされたものであり、第2に、加齢は人の身体的機能、精神・健康状態だけではなく、判断能力、適応能力、経験の豊富さなどに影響を与えるため、年齢は当該年齢相応の身体的機能や健康状態、一定の能力などを推定させる指標ともなり得るからである。参政権の付与、行為能力、年少者の就労の制限など年齢により別扱いしている例は少なくない。

　とはいいながらも、規制を導入するに当たってどの年齢の者に適用するか恣意的判断が入る可能性があり、また、年齢によって一定の能力を推定できるといっても、あくまで推定であり、個々人で違いがあることも明らかである。全ての人に均等な雇用機会を確保させるためには、年齢基準による採用、処遇の別扱いをある程度認めた上で、その不当な運用を制限することが肝心となる。

　男女差別、人種差別の禁止は個人の尊厳に基づくものであるのに対して、年齢による募集・採用の制限禁止は雇用政策目的に基づくものである。すなわち、意欲と能力をもつ誰もが年齢にかかわりなく能力を発揮して働ける社会を作り上げるために、この規定は導入されたのである。とりわけ、日本のように、新卒一括採用、年齢による処遇、定年制など年齢による雇用管理が定着し、そのことによる弊害が生まれている社会では、年齢制限禁止は必須

の政策といってよい。

　しかし、現状では、日本的雇用慣行との緩やかな調和が求められる。そのため、次の表9のような多くの（多すぎるような気もするが）例外を設けることになる（労推施行規則1条の3第1項）。

表9　労推法施行規則1条の3第1項の例外事由

規定の所在と例外事由		例
1号	定年年齢を上限として、その上限年齢未満の労働者を期間の定めのない労働契約の対象として募集・採用する場合	○定年が60歳の会社が、60歳未満の人を募集 ×60歳未満の人を募集（契約期間1年）
2号	労働基準法その他法令の規定により年齢制限が設けられている場合	○18歳以上の人を募集（労働基準法62条の危険有害業務）
3号イ	長期勤続によるキャリア形成を図る観点から、若年者等を期間の定めのない労働契約の対象として募集・採用する場合	○令和○○年3月大学卒業見込みの人 ×30歳未満の人（契約期間1年、更新あり）
3号ロ	技能・ノウハウの継承の観点から、特定の職種において労働者数が相当程度少ない特定の年齢層に限定し、かつ、期間の定めのない労働契約の対象として募集・採用する場合	＊特定の年齢層とは、30歳〜49歳のうち5〜10歳の幅の年齢層 ＊相当程度少ないとは、上下の層の2分の1 ×電気通信技師で25歳から35歳までの募集
3号ハ	芸術・技能の分野における表現の真実性などの要請がある場合	○演劇子役（○歳未満の子ども） ×イベントコンパニオン募集（30歳以下）
3号ニ	60歳以上の高年齢者、就職氷河期世代または特定の年齢層の雇用を促進する施策の対象となる者に限定して募集・採用する場合	○60歳以上の人の募集 ○就職氷河期世代の人の募集（ただし、これはハローワーク経由が条件） ×60歳以上70歳未満の人の募集

　労推法9条違反に対して、罰則は規定されていない。ただし、行政は必要があるときは、事業主に対して、助言、指導又は勧告をすることができる（労推33条）。同条違反の私法上の効果としては、不法行為に基づく損害賠償を請求することができる。しかし、違反した事業主に対して労働契約を締結する義務までは認められないとするのが学説の多数である。

第2節　失業の予防、離職者の再就職支援、就職が特に困難な者の雇入れ促進

1.　失業予防と雇用調整助成金

　1950年代以降、日本は高度経済成長を通じて、労働力不足を基調としてきた。特に、雇用政策は、若年者の労働力確保が主たる任務であり、次いで、中高年齢者の再就職支援が課題であった。

　これに対して、失業予防が雇用政策の前面にでてきたのは、1970年代のオイルショックのときである。日本は、1973年のブレトン・ウッズ体制が解体する中で、高度経済成長が終わりを告げ、本格的な不景気と人員削減を経験する。1974年に制定された雇用保険法は、雇用安定事業等を創設し、そこで一時的な需要減少に対する失業予防のための助成金、「雇用調整助成金」（一般には雇調金と略される）を設けることになった。

　雇用調整助成金とは、経済の変動、産業構造の変化等の経済的理由により事業の縮小を迫られた事業主が、事業所の過半数組合又は過半数代表者との労使間の書面による協定により休業、教育訓練、出向などを行い、その雇用する労働者の雇用を維持する場合に支給される助成金である（雇保62条1項1号、雇保施行規則102条の2、102条の3）。

雇用調整助成金

　受給の前提となる「事業の縮小」とは、①売上高又は生産量などの事業活動を示す指標の最近3ヶ月間の月平均値が前年同期に比べ10％以上減少していること（生産量要件）、②雇用保険被保険者数及び受け入れている派遣労働者数の最近3ヶ月間の月平均値が、前年同期と比べ、大企業の場合は5％を超えてかつ6人以上、中小企業の場合は10％を超えてかつ4人以上増加していないこと（雇用量要件）をいう。さらに、雇用調整が、休業等の期間、休業等の対象となる労働者の範囲、手当又は賃金の支払いの基準その他休業等の実施に関する事項について、予め当該事業所の労働者の過半数で組織する労働組合（労働者の過半数で組織する労働組合がないときは、労働者の過半数を代表する者）との間に書面に

> よる協定がなされ、当該協定の定めるところにより行われるものであることが要件となる。

　雇用調整助成金には、高い失業抑制効果があるとされる。特に、リーマンショック後の経済不況においてその効果が高かったといわれる。ある調査によれば、雇用調整助成金の受給事業所のうち、半数を超える事業所（54.4％）が雇用調整助成金の支給を受けられなかったとすると、「より多くの雇用を削減するための措置をとったと思う」と回答している[2]。

新型コロナウイルス感染症と雇用調整助成金及び休業支援金

> 　新型コロナウイルス感染症の影響で企業が従業員を休業させた場合（シフト制にある従業員の勤務時間、勤務日を短縮した場合を含む）、国は雇用調整助成金の支給率・支給額の上限を引き上げている。また、休業手当の支給が困難な場合、従業員が直接国に対して申請することのできる「新型コロナウイルス感染症対応休業支援金・給付金」（支援金）を、申請期限を設けて導入している。

2. 離職者の再就職支援と事業主の責任

(1) 再就職支援

　職業生活の全期間を通じて職業の安定を図るためには、労働者の速やかな再就職を支援することが重要である。そのため、労働施策総合推進法は、人員削減を予定している事業主に対して、再就職支援に関するいくつかの措置を公法上義務付けている。

　まず、事業主は、事業規模の縮小により、相当数の労働者を離職させる場合、再就職援助計画の作成をしなければならない（労推24条以下）。再就職援助計画は、事業主が人員削減を行う際に、当該事業所において、どのような方法によりどの程度の雇用調整を行うことが必要であり、また可能であるか

2　日本労働政策研究研修機構『調査シリーズNo.123　雇用調整の実施と雇用調整助成金の活用に関する調査』（2014年）http://www.jil.go.jp/institute/research/2014/123.html（2015年11月3日現在）

を考慮して、削減を計画的に実施させることを主眼とするものである。

　再就職援助計画作成義務を負うのは、経済的事情により、ひとつの事業所において常時雇用する労働者について 1 月の期間内に30人以上の離職者を生ずることとなる事業規模の縮小を行う場合である（労推施行規則 7 条の 2 ）。

　作成した再就職援助計画は、公共職業安定所長による認定を受けなければならない。再就職援助計画の認定を受けた事業主は、円滑な再就職の促進のための助成及び援助を国から受けることができる。

　さらに、国は職業生活の長期化が見込まれる中、再チャレンジを容易にするため、2021年 4 月から大企業に対し、正社員中途採用比率を公表するよう義務付けている（労推27条の 2 ）。

中途採用比率の公表

> 　国は、労働者が主体的なキャリア形成によって職業生活をさらに充実し再チャレンジが可能となるよう、企業が長期的な安定雇用の機会を中途採用者に提供することを促進するため、大企業に正社員中途採用比率を公表するよう義務付けた。常時雇用する労働者が301人以上の企業は、直近の 3 事業年度の各年度について、採用した正規雇用労働者の中で中途採用者（新卒者以外の者）が占める割合（中途採用比率）を、概ね年 1 回、インターネットなど求職者が容易に閲覧できる形で公表することが必要となる。

(2)　再就職支援措置

　国は、事業主が、再就職援助計画に基づき、その雇用する労働者に対し、求職活動のための休暇付与、再就職先となり得る事業主における職場体験講習の受講、民間の職業紹介事業者に再就職支援の委託など再就職促進に特に資すると認められる措置（再就職支援措置）を講ずる場合、必要な助成及び援助を行う（労推26条）。再就職支援措置により再就職を実現させた場合、当該事業主は、雇用保険から、労働移動支援助成金を受給できる（雇保施行規則102条の 4 ）。労働移動支援助成金には、再就職支援コース、早期雇入れ支援コースの奨励金がある（同施行規則102条の 5 ）。2017年雇用保険法施行規則改正により、新たに中途採用拡大コース奨励金が導入された。

⑶ **大量の雇用変動の届出**

　事業主が大量の雇用調整をする場合には「大量の雇用変動の届出」をしなければならない（労推27条）。すなわち、事業主は、ひとつの事業所において、大量の雇用変動を行う場合、当該大量雇用変動の前に、当該離職者の数、再就職援助のための措置等の一定の事項を公共職業安定所に届けなければならない。

　大量の雇用変動とは、1月以内の期間に、日々又は期間を定めて雇用されている者を除いて、自己の都合又は自己の責めに帰すべき理由によらないで離職する者の数が30人以上となる場合をいう（労推施行規則8条）。

3. 就職が特に困難な者の雇入れ促進

　高年齢者、障害者、ひとり親（母子家庭の母、父子家庭の父）などは、その身体的・生活上の制約などから就職が特に困難な場合が少なくない。これらの者に対しては、後述するように、障害者雇用促進法、高年齢者雇用安定法などにより一定の雇用促進策を講じているところであるが、この適用範囲外の者もおり、こうした者に対する雇入れ支援が必要である。そこで、雇用保険法施行規則110条は、事業主が、就職が特に困難な者のうち一定の範囲の者（これを「特定求職者」という）を、公共職業安定所や民間の職業紹介事業者などの紹介により、継続して雇用する労働者として雇い入れる場合、その事業主に対して特定求職者雇用開発助成金を支給すると定めている。

　特定求職者とは、高年齢者（60歳以上65歳未満）、障害者（身体障害者、知的障害者、精神障害者等）、ひとり親などである。公共職業安定所等の紹介により、こうした人たちを雇用保険の一般被保険者として雇い入れ、継続して雇用する事業所は、対象労働者のタイプに合わせて、賃金の一部に相当する額を1年ないし2年（重度障害者は3年）にわたり助成金を受給することができる。

第3節　地域雇用対策

1. 地域雇用対策の課題

　近年、少子高齢化に伴う労働力人口の減少と、人口の東京への一極集中によって、地方の雇用情勢は悪化している。さらに、2014年に日本創生会議が、「消滅可能性都市」の危機をレポートして、大きな反響があった。

　2019年10月時点での各地域での人口増減を要因別にみると、人口増加は主に首都圏と一部の地方7都県であり、残りの40道府県は減少している。首都圏も自然減少（出生数が死亡数を下回っている）しており、地方からの転入によって人口が社会増加しているにすぎない。

表10　人口増減要因別都道府県

増減要因		都道府県名（2019年）	都道府県名（2018年）	都道府県数（2019年）	都道府県数（2018年）
人口増加	自然増加・社会増加	沖縄県	沖縄県	1	1
	自然増加・社会減少			0	0
	自然減少・社会増加	埼玉県　千葉県　東京都　神奈川県　愛知県　滋賀県	埼玉県　千葉県　東京都　神奈川県　愛知県　福岡県	6	6
人口減少	自然増加・社会減少			0	0
	自然減少・社会増加	宮城県　群馬県　静岡県　京都府　大阪府　兵庫県　福岡県	宮城県　群馬県　富山県　石川県　滋賀県　京都府　大阪府　島根県	7	8
	自然減少・社会減少	北海道　青森県　岩手県　秋田県　山形県　福島県　茨城県　栃木県　群馬県　新潟県　富山県　石川県　福井県　山梨県　長野県　岐阜県　三重県　奈良県　和歌山県　鳥取県　島根県　岡山県　広島県　山口県　徳島県　香川県　愛媛県　高知県　佐賀県　長崎県　熊本県　大分県　宮崎県　鹿児島県	北海道　青森県　岩手県　秋田県　山形県　福島県　茨城県　栃木県　新潟県　富山県　山梨県　長野県　岐阜県　静岡県　三重県　兵庫県　奈良県　和歌山県　鳥取県　岡山県　広島県　山口県　徳島県　香川県　愛媛県　高知県　佐賀県　長崎県　熊本県　大分県　宮崎県　鹿児島県	33	32

（総務省統計局「人口推計（2019年）」による）

　国は、少子高齢化、東京圏などへの一極集中を抑制して、それぞれの地域

に住みよい環境を創造するために、2014年に「まち・ひと・しごと創生法」を制定し、将来にわたって活力ある社会を維持していくため、総合的・計画的な施策を展開しようとしている。

少子高齢化、東京への一極集中は、日本の経済構造の展開と個人のライフスタイルの変化など様々な要因によるものであり、地域の雇用対策は、地域に対する総合的な対策と密接に連携してはじめて、その効果が期待されるものである。

これまで、地域雇用対策は公共事業による地域の雇用創出と、地域間の不均衡を是正し、不況地域における雇用機会不足に対する政策からなっていた。しかし、公共事業費の削減とともに、現在の地域雇用対策は、これまでの「地域間の雇用機会の格差対策」という観点だけではなく、「人口減少対策」を念頭に地域の生活を支えるとともに、東京圏以外の地域も安定して成長できるよう、地域に「ひと」を集めて人を育てること、そのために「ひと」が集まるように、地域に安定し良質な仕事を創出することが課題となっている。

そこで、本節では、まず、地域雇用対策の展開を記述し、その後に、地域雇用開発促進法の内容、現在の地域雇用対策の課題を紹介することとしたい。

2. 地域雇用対策の展開

戦後の地域雇用対策は、公共事業による地域の雇用創出と狭義の雇用対策に分かれる。

高度経済成長の時期に、公共事業は重要な施策であった。国の策定する経済計画において、公共事業は道路、港湾、鉄道などの産業基盤の整備のために大規模に活用された。特に、田中内閣（1972年〜74年）は、公共事業による日本列島改造論を打ち出し、地域経済の活性化と雇用創出を強力に押し進めた。しかし、高度経済成長が終了し、経済が停滞すると、徐々に財政再建が主要な課題となってくる。1990年代には、景気対策として空前の公共事業が実施されたが、同時に、財政赤字も急速に増大していった。こうしたことから、公共事業への批判が強まってくる。

公共事業は、社会資本としての便益よりも景気対策としての需要が重視され、無駄な公共事業が実施されたとの批判、1990年代の大規模な公共事業の

過程で、地方自治体が国の施策に動員され結果的に地方財政危機を招来したという批判、さらには、公共投資は雇用対策として十分な効果を発揮していないとの批判がなされた[3]。

　これに対して、かつての狭義の地域雇用対策は、労働力の地域的な不均衡を是正する政策と特定地域に発生する大量離職者に対する緊急・臨時的な雇用対策であった。前者の例としては、1960年代に実施された広域職業紹介制度の整備（1960年）や炭鉱離職者の大都市圏への移動促進であり、後者の例としては、1970年代に起こった造船、非鉄、石油化学等の構造不況業種が集積する地域に発生した大量の失業者に対する職業紹介・職業訓練の特別措置や失業給付の延長措置などである。

　1980年代、こうした臨時的・一時的な地域雇用対策から中長期的な地域雇用対策への転換が促され、1988年に地域雇用開発促進法が制定された。

　同時に、地域雇用対策は、「テクノポリス構想」（1983年）、「産業頭脳立地構想」（1988年）、「リゾート開発法」（1987年）などに基づく地域経済振興及び公共事業の活用と相まって展開されてきた。

　公共事業費が2000年以降減少し、国による地域雇用の下支え機能が低下すると、公共事業に依らない地域の創意を生かした雇用対策の必要性が議論されるようになった。制度面においても、地方分権化の流れをくみ、2000年の改正雇用対策法は、地方自治体による地域の実情に応じた雇用施策の実施が努力義務とされた。2003年の職業安定法改正では、それまで主にハローワークが行ってきた無料職業紹介事業について、届出により地方自治体の参入が認められるようになり、雇用政策の分権化の流れが現れた。

　その後、地域雇用開発促進法の改正により、それまで4つあった指定地域は2つの対象地域、すなわち、雇用開発促進地域と自発雇用創造地域に統合された（同法2条）。

3. 地域雇用開発促進法の内容

　地域雇用開発促進法は、雇用機会が不足している地域内に居住する労働者

3　井出秀策『雇用連帯社会——脱土建国家の公共事業』（岩波書店、2011年）21-22頁。

に関し、その地域の関係者の自主性及び自立性を尊重しつつ、就職の促進その他の地域雇用開発のための措置を講じて、職業の安定を図ることを目的とする。

　地域雇用開発とは、求職者の総数に比し雇用機会が不足している地域について地域雇用開発のための助成金や支援措置を講ずることにより、地域的な雇用構造の改善を図ることをいう（地雇2条1項）。そのため、同法は、地域を課題ごとに、雇用開発促進地域（雇用情勢が特に厳しい地域（都道府県））と自発雇用創造地域（雇用創造に向けた意欲が高い地域（市町村等））に分ける。

(1)　雇用開発促進地域

　雇用開発促進地域とは、①その地域内に居住する労働者の総数に対して当該地域内に居住する求職者の数の割合が相当程度に高く、かつ、その求職者が、その総数に比し著しく雇用機会が不足しているため、その地域内において就職することが著しく困難な状況にあること、かつ②その状態が相当期間にわたり継続することが見込まれる状態にある地域で、自然的経済的社会的条件から一体とみられる地域（ハローワークの管轄範囲を単位）をいい（地雇2条2項）、具体的には当該地域の有効求人倍率が全国平均の3分の2以下等の雇用情勢の地域としている。

　雇用開発促進地域はさらに、同意雇用開発促進地域、過疎等雇用改善地域、特定有人国境離島地域の3つに分かれる。都道府県は地域雇用開発指針に基づき特定地域について「地域雇用開発計画」を作成し（地雇5条）、厚生労働大臣がこれに同意して、当該地域を同意雇用開発促進地域に指定する。この同意雇用開発促進地域については、国は一定の要件の下に「地域雇用開発助成金」を支給することになる（地雇7条、雇保施行規則112条）。

地域雇用開発助成金 ────

> 　地域雇用開発助成金とは、雇用開発促進地域など雇用失業情勢の改善の動きが弱い地域の雇用構造の改善を図るため、創業したり、事業設備を改善して、その地域の求職者を雇い入れた事業主に対して支給する助成金である（地雇7条・10条、雇保施行規則112条）。この助成金は、設備等の支出が完了した後であっても、従業員の定着などを考慮して、最大3年間支給される。

> 　地域雇用開発助成金は、上記地域において、事業所の設置・整備あるいは創業に伴い、当該地域に居住する求職者等を雇い入れた事業主に対し、事業所の設置・整備費用と対象労働者の増加数に応じて助成する。

(2)　自発雇用創造地域

　自発雇用創造地域とは、①その地域内に居住する求職者の総数に比し相当程度に雇用機会が不足しているため、当該求職者がその地域内において就職することが困難な状況にあること、かつ②その状態が相当期間にわたり継続することが見込まれる地域（市町村が単位）をいい（地雇2条3項）、具体的には当該地域の有効求人倍率が全国平均の有効求人倍率以下又は有効求人倍率が1未満で人口減少率が全国平均を超える地域をいう。

　市町村又は都道府県は単独又は共同して地域雇用開発指針に基づき自発雇用創造地域に該当すると認めた地域について「地域雇用創造計画」を策定し、厚生労働大臣の同意を求めることができる（地雇6条）。同意が得られた地域を同意自発雇用創造地域という。市町村と事業主団体等の関係者は、この地域の特性を生かして重点的に雇用創出を図る分野（地域重点分野）及びその分野における雇用創出の方策について検討するための協議会（地域雇用創造協議会）を設置し、厚生労働大臣はこの協議会が提案する事業のなかから雇用創出効果が高いものをコンテスト方式で選定し（地域雇用活性化推進事業）、その事業の実施を市町村に委託する（同法10条）。国は地域雇用活性化推進事業を雇用保険2事業として、一定の要件の下で助成する（雇保施行規則140条）。

　地域雇用開発促進法の枠組みは以下の通りである（次の図19参照）。

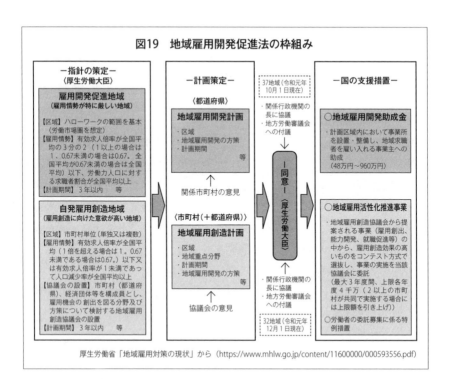

図19　地域雇用開発促進法の枠組み

－指針の策定－
〈厚生労働大臣〉

雇用開発促進地域
（雇用情勢が特に厳しい地域）
【区域】ハローワークの範囲を基本（労働市場圏を想定）
【雇用情勢】有効求人倍率が全国平均の3分の2（1以上の場合は1、0.67未満の場合は0.67。全国平均が0.67未満の場合は全国平均）以下、労働力人口に対する求職者割合が全国平均以上
【計画期間】3年以内　等

自発雇用創造地域
（雇用創造に向けた意欲が高い地域）
【区域】市町村単位（単独又は複数）
【雇用情勢】有効求人倍率が全国平均（1倍を超える場合は1。0.67未満である場合は0.67。）以下又は有効求人倍率が1未満であって人口減少率が全国平均以上
【協議会の設置】市町村（都道府県）、経済団体等を構成員とし、雇用機会の創出を図る分野及び方策について検討する地域雇用創造協議会の設置
【計画期間】3年以内　等

－計画策定－
〈都道府県〉

地域雇用開発計画
・区域
・地域雇用開発の方策
・計画期間　　　　　等

↑
関係市町村の意見

〈市町村（＋都道府県）〉

地域雇用創造計画
・区域
・地域重点分野
・計画期間
・地域雇用開発の方策　　　　等

↑
協議会の意見

37地域（令和元年10月1日現在）
・関係行政機関の長に協議
・地方労働審議会への付議

－同意－
〈厚生労働大臣〉

・関係行政機関の長に協議
・地方労働審議会への付議

32地域（令和元年12月1日現在）

－国の支援措置－

○**地域雇用開発助成金**
・計画区域内に事業所を設置・整備し、地域求職者を雇い入れる事業主への助成
（48万円～960万円）

○**地域雇用活性化推進事業**
・地域雇用創造協議会から提案される事業（雇用創出、能力開発、就職促進等）の中から、雇用創造効果の高いものをコンテスト方式で選抜し、事業の実施を当該協議会に委託
（最大3年間度、上限各年度4千万（2以上の市町村が共同で実施する場合には上限額を引き上げ））

○労働者の委託募集に係る特例措置

厚生労働省「地域雇用対策の現状」から（https://www.mhlw.go.jp/content/11600000/000593556.pdf）

(3)　その他地域雇用対策（地域雇用創造プロジェクト）

　厚生労働省は、地域雇用開発促進法に基づく事業の他に、地域雇用創造プロジェクトを実施している。これは、産業政策と一体となった良質で安定的な雇用機会を創造・整備することで、地域の雇用の安定、能力開発を推進し、地域における生産性の向上や経済的基盤の強化を図るものである。厚生労働大臣は、各都道府県の提案する事業から、コンテスト方式により、良質で安定的な正社員雇用の場を確保する効果が高い事業を選抜する。都道府県は、地域の関係者（自治体、経済団体、有識者、金融機関等）で構成する協議会を設置した上で事業を実施する。この事業は雇用保険2事業ではなく、主に一般会計予算に基づき実施される。

4．地域雇用対策の取組

　本節の冒頭で述べたように、今後の地域雇用対策は、これまでのように地

域間の雇用機会の不均衡の是正、不況地域の雇用対策という視点だけではなく、人口減少と東京一極集中という日本の人口構造の変化に対処して、地域が安定して成長することを目標としている。

　そのために、国・地方公共団体は総合的・重層的に対策を行っている。厚生労働省は、①地域雇用対策として、既に述べたように地域雇用開発促進法の基づく対策（これは雇用保険 2 事業による助成金を用いている）、②加えて、一般会計予算に基づき地域雇用創造プロジェクトを実施している。さらに、③政府は、まち・ひと・しごと創生法に基づき、地方公共団体が地域再生計画を作成し、内閣総理大臣の認定を受けた場合に、当該計画を作成した地方公共団体に対して、「まち・ひと・しごと創生交付金」（地方創生推進交付金）を交付することになる（地域再生法13条）。

　この他、地方雇用対策として、地方への人の移動・定着が課題となるが、地方創生の施策の 1 つとして、地方大学の研究と地域の産業を結合させることによりその地域の独自の産業を発展させるために、2018年に「地域における大学の振興及び若者の雇用機会の創出による若者の修学及び就業の促進に関する法律」が制定されている。

　厚生労働省は、既に述べた施策と共に、若年労働者の東京から地方への環流（Uターン、Iターン、Jターンなどの促進）を推進している。

　このように、現在、地域雇用対策は、総務省、厚生労働省などの各省庁の施策として行っており、その数は膨大である。しかし、それらには目的が重複しているものもあり、その効果を的確に評価することが課題となる。

　さらに、これらの主要な目的は、地方における雇用の創出と都市から地方への労働移動にあるが、若者に関していえば、近年は、進学などで都市に流出する者と並んで、経済的理由などにより地方から移動しない層が増えているとの指摘もある。地方に暮らしている若者に対して良質な雇用機会をどのように生み出すかが課題となっている。

　地域雇用対策は主に企業が設備投資、創業により住民を新たに雇い入れた際にその費用を助成する点にあるが、現状では地方の企業が新たに雇い入れる労働者数は限られている。企業による雇用創出に対する助成にとどまらず、都市部と地方の地域間の所得再配分を積極的に行う必要がある。しかし、公

共事業に対する批判が強く、かつてのように公共事業により所得の再配分は
できない。地方では、医療・福祉などの生活関連産業が効果的な雇用の受け
皿となっているが、これらは医療保険、介護保険等の政府が管理する財政に
大きく依存している。そこで、これら生活関連産業への助成・投資が再配分
にとって効果的だとされる（石井まこと・宮本みち子・阿部誠編著『地方に生き
る若者たち』（旬報社、2017年）306頁）。

第4節　高年齢者の雇用対策

1. 高年齢者の雇用問題

　日本の雇用政策において、中高年齢者の雇用問題は一貫して中核に位置し
ていた。新卒一括採用、年功的賃金、定年までの雇用保障という日本的雇用
慣行にとって、この枠組みから外れた労働者が正社員となることが難しいか
らである。運良く、正社員として採用されても、かなり低い労働条件を覚悟
しなければならない。

　当初、国は中高年齢者雇用促進特別措置法を制定し（1971年）、中年齢者（45
歳以上55歳未満）と高年齢者（55歳以上）に対して一体的に雇用対策を行って
きた。ところが、1986年に中高年齢者雇用促進法が改正され、高年齢者雇用
安定法として制定されると、中高年齢者の雇用問題は、中年齢者と高年齢者
に切り分けられた。そして、中年齢者には実効性のある政策を打ち出せない
ままで、高年齢者の雇用対策は、定年延長と定年後の継続雇用に集中してい
った。

　ここには質の違う2つの問題がある。ひとつは、中高年齢者の雇用問題と
して存在し続ける問題、すなわち、日本的雇用慣行が維持される中で、その
枠組みから外れた人たちに対して、いかにして良質の雇用機会を提供するか
という問題であり、2つは、日本的雇用慣行の中で定年を迎えた人たちが、
どうしたら定年後も安定的な雇用を確保できるかという問題である。

　第2の問題に関しては、定年延長及び定年退職者の継続雇用という政策が

とられ、着実に前進してきた。これは評価されるべきことである。ただ、法律論としては、なお、いくつかの問題がある。例えば、法律が義務付けた定年後の雇用確保措置を履行してない事業主の下で働く労働者に対して、どのような法的救済があるか、といったことである。

　定年後に、継続雇用ではなく別の就業機会を希望する労働者に対して、法律は、雇用以外の形式の就業を用意している。それは、シルバー人材センターの委託業務である。シルバー人材センターの業務は、しかしながら、ホワイトカラー労働者の就業の受け皿として十分に機能していない。なぜなら、それは、臨時的・短期的又は軽易な就業（いわゆる「臨・短・軽」の業務）を対象にしていて、具体的には、駐輪場の管理、公園の清掃などのいくつかの業務に限定されているからである。

　これに対して、第1の問題、すなわち、中年齢者の雇用確保の問題は依然として残されたままであった。これについては、2007年に当時の雇用対策法が改正され、一定の前進が図られた。すなわち、事業主は労働者の募集及び採用について、年齢に関わりなく均等な機会を与えなければならないこととされ、年齢制限が禁止された（労推9条。詳細は本章第1節5参照）。

　なお、中高年齢者とは45歳以上の者を（高年施行規則2条）、高年齢者とは55歳以上の者を指す（同規則1条）。

2. 高年齢者雇用対策の変遷

　既に見たように、中高年齢者の雇用政策は、それまでの中高年齢者等の雇用の促進に関する特別措置法を改正して1986年に制定された「高年齢者等の雇用の安定等に関する法律」（以下、「高年齢者雇用安定法」、「高年法」という）を画期として転換した。1966年の雇用対策法の制定当時は、中高年齢者の転職者（これには、いったん常用雇用労働者となったが早い時期に退職しその後転職を繰り返す者を含む）に対する再就職支援が政策の中心に置かれていた。

　その基本的手段は、中高年齢者の雇用率制度であった。1966年雇用審議会「雇用対策の大綱」によれば、国は中高年齢者に関し、その適職について、身体障害者と同様に事業主の努力目標としての雇用率を設定し、常時100人以上の労働者を使用する事業所で中高年齢者の雇用について著しい困難を伴

わない事業主に対し、中高年齢者の割合がその雇用率に定める数以上となるよう必要な要請をすることができるようにする、というものであった。

　この考えは、1971年の中高年齢者等の雇用の促進に関する特別措置法において実現する。この法律は、中高年齢者の雇用対策として、中高年齢者雇用率制度を導入したのである。中高年齢者雇用率制度とは、一定の職種について、一定の年齢層以上の労働者を優先的に採用するよう企業に対して促す制度である。

　導入の理由は、1971年当時において、中高年齢者が新しい仕事や職場への適応力が欠けていることや、新規学卒者を採用の基本とする日本特有の年功序列的雇用慣行が中高年齢者の採用を阻害していると考えられたからである。

　他方で、中高年齢者の雇用対策を強化するもうひとつの理由は、1946年以降、中高年齢失業者の受け皿となっていた「失業対策事業」の新規受入停止にあった（中高年齢者雇用促進特別措置法附則２条）。

　中高年齢者雇用率制度は、残念ながら機能していなかった。その理由は、まず、雇入れについての制度であるため、雇用不拡大期では十分に機能しにくく、特に高年齢者にとって必要な雇用の維持には直接的効果がないこと、第２に、日本では職種概念が不明確な上、企業の雇用管理も職種を中心に行われていない状況では、行政上も企業側でも実効を挙げることは困難であること、第３に、中高年齢者を全体として対象とするため高年齢者に効果が及びにくく、かつ、職種別であるため定年制等の雇用慣行の是正に十分なインパクトを与えにくいことにあった。

　ここから、企業単位の高年齢者の雇用率制度と、中高年齢者の適職への雇入れ促進を目的とした雇用率制度の分化が必要と認識されるに至る。両者は雇用率制度という名称は同じだが、目指すところが全く異なる制度である。なぜなら、前者である高年齢者雇用率制度は、職種ではなく企業単位となることで、特定企業において高年齢者の雇用を一定割合確保することを目的としている一方、後者は、新たに雇い入れようとする者のうちにおける中高年齢層の割合を確保しようとするものだからである。前者の政策は、定年延長あるいは定年退職者の継続雇用推進への橋渡しを意味する。

　これ以降、労働行政は、60歳定年制の法定化、65歳までの雇用確保という

政策目標を中心に据え、中高年齢失業者に対する政策は後景に退くこととなる。中年齢者の再就職支援が再び政策的課題となるのは、2000年代に入り、いわゆる年長フリーター問題が認識される時期まで待たなければならない。年長フリーター対策として、募集・採用における年齢制限の禁止が導入され、さらに、2020年には、就職氷河期世代の雇用促進のために、大企業における中途採用比率の公表が義務付けられた。

3. 定年と雇用確保措置

(1) 高年齢者雇用安定法の目的

高年齢者雇用安定法は、①定年の引上げ、②継続雇用制度の導入等による高年齢者の安定した雇用の確保、③高年齢者等の再就職の促進、④高年齢者に対する就業機会の確保等の措置を総合的に講じ、高年齢者等の職業の安定その他福祉の増進を図ると共に、経済及び社会の発展に寄与することを目的としている（高年1条）。

(2) 定年年齢

定年制とは、労働契約、就業規則又は労働協約の定めによって、労働者が所定の年齢に達したことを理由として自動的に又は解雇の意思表示によってその地位を失わせる制度である。

事業主は定年の定めをする場合には、60歳を下回ることができない（高年8条）。この規定は、事業主に定年制を義務付けるものではない。ただ、定年を定める場合には、所定の年齢が60歳を下回ってはならないとするものである。

高年法8条は強行規定である。60歳を下回る定年年齢を定める就業規則等の規定は無効である。8条は契約に対する補充的効力について何ら定めていない。そこで、定年年齢が無効となった場合、定年の定めがなくなったのか、それとも、60歳という基準が補充される（60歳定年を定めたことにする）か、必ずしも明らかではない。高年齢者の雇用保障を目的とした規定であるので、60歳定年制が補充されたとみるよりは、定年の定めがなくなったとみるべきであろう（牛根漁業協同組合事件・福岡高宮崎支判平成17・11・30労判953号71頁）。

(3) 高年齢者の雇用確保措置

高年法 9 条 1 項は定年後の高齢者の雇用確保措置として、事業主に対して、①定年制の廃止、②定年年齢の延長、③定年後の継続雇用制度のいずれかの措置を義務付けている。これに違反している事業主に対して、国は必要な指導及び助言をすることができる。この指導・助言をしたにもかかわらず、違反したままにしている場合には、勧告することができ、勧告に従わなかった場合は企業名を公表することができる（高年10条）。

問題は、本条に違反して雇用確保措置を就業規則等で規定していない場合に、本条に基づき、労働者が使用者に対し継続雇用を求めることができるかである。

この点については、裁判例は、高年法 9 条は事業主に公法上の義務を課しているだけであり、私法上の義務として継続雇用制度の導入義務又は定年退職者に対する継続雇用義務を負わせているとはいえないとしている（NTT西日本事件・大阪高判平成21・11・27労判1004号112頁、NTT東日本事件・東京高判平成22・12・22判時2126号133頁）。

学説は否定説と肯定説が拮抗する[4]。否定説[5]は、憲法27条 1 項に基づく労働市場の態勢を整備する政策義務は、原則として私法上の効果を導くものではないとした上で、高年法 9 条の私法的効力を否定する。肯定説[6]は、「労働法規のうち使用者に作為・不作為を命じたり、具体的な労働条件を定める条項は、その基準等の実現について行政的な指導・勧告・罰則などを予定しているものを含めて、原則として私法的強行性をもち、それに違反する行為は違法・無効と解すべきである」として、雇用継続義務を肯定している。

少子高齢化が急速に進展し人口が減少する中で、経済社会の活力を維持するため、働く意欲がある高年齢者がその能力を十分に発揮できるよう、高年齢者が活躍できる環境の整備を目的として、2020年に改正された高年法10条

4　学説状況については、山川和義「高年齢者雇用安定法 9 条 1 項違反の私法上の効果」日本労働法学会誌114号（2009年） 8 頁以下参照。

5　櫻庭涼子「高年齢者の雇用確保措置」労旬1641号（2007年）46頁

6　西谷敏「労働法規の私法的効力」法律時報80巻 8 号（2008年）82頁、根本到「高年齢者雇用安定法 9 条の意義と同条違反の私法的効果」労旬1674号（2008年）13頁、山川（和）・前掲注 4 論文14頁。

の 2 （2021年 4 月施行）は、65歳以上70歳までの就業機会の確保の努力義務（高年齢者就業確保制度）を追加している。その追加の措置は、①70歳までの定年年齢の引上げ、②定年制の廃止、③70歳までの継続雇用制度（再雇用制度含む）に加えて、創業支援措置として、事業主は従業員の過半数を組織する労働組合又は過半数代表者の同意を得て、④70歳まで業務委託契約を継続する制度、⑤70歳まで継続的に事業主が自ら実施する社会貢献事業又は事業主が委託、出資（資金提供）等する団体が行う社会貢献事業に従事させる制度の導入に努めるとしている。

4.　高年齢者継続雇用制度

　厚労省の調査によれば、全事業主のほぼ 8 割が、高年法 9 条に定める雇用確保措置として、継続雇用制度を導入している。継続雇用制度とは、現に雇用している高年齢者が希望するときは、全ての高年齢者をその定年後も引き続いて雇用する制度である（高年 9 条 1 項）。

　そして、継続雇用制度のほとんどが再雇用制度である。すなわち、事業主は定年で退職した労働者と、新たに一定の労働条件を備えた期間の定めのある労働契約を締結する。定年後に再雇用される労働者は一般に嘱託と呼ばれる。

　継続雇用制度には、事業主が特定のグループ企業（事業主が経営を実質的に支配することが可能な企業）との間で、定年退職者を当該グループ企業が雇用することを約する契約を締結して、この契約に基づいて当該定年退職者の雇用を確保する場合も含まれる（高年 9 条 2 項）。

　高年法旧 9 条 2 項によれば、事業主は、過半数組合又は過半数代表者との間で、継続雇用制度の対象となる高年齢者の選定基準を書面による労使協定によって定めることができるとしていたが、この規定は2012年改正により廃止され、定年退職者が継続雇用を希望した場合、事業主は、原則として引き続き雇用しなければならない。しかし、心身の故障のため業務の遂行に堪え得ない者等に対しては、継続雇用制度の対象としないことができる（高年 9 条 3 項、高年齢者雇用確保措置の実施及び運用に関する指針（平成24年厚生労働省告示560号）第 2 の 2 ）。

高年法旧9条に基づく労使協定又は就業規則で定めた選定基準がある状況で、事業主が、再雇用対象者を選定する基準を満たさないという理由で、再雇用を希望する定年退職者を再雇用対象者から除外したことに対して、除外された労働者から労働契約上の地位の確認を求める訴訟がたびたび提起された。

　この点について、最高裁判例（津田電気計器事件・最判平成24・11・29労判1064号13頁）は、定年退職者が再雇用対象者を選定する基準を満たす場合、当該労働者は雇用契約の終了後も雇用が継続されるものと期待することに合理的な理由があると認められ、再雇用をすることなく雇用が終了したことに、他にこれをやむを得ないものとみるべき特段の事情もうかがわれない場合、再雇用拒否は客観的に合理的な理由を欠き、社会通念上相当であると認められず、高年法の趣旨等に鑑み、労働者と使用者との間に、雇用契約の終了後も再雇用規程に基づき再雇用されたのと同様の雇用関係が成立しているとしている。

5. 再就職支援と多様な就業確保措置

(1) 中高年齢者の雇用対策

　定年退職者の雇用確保措置を除けば、高年法は中高年齢者（法文上は「高年齢者等」と表現している）の就業確保措置として再就職促進と、高年齢者に対する雇用以外の就業確保措置（シルバー人材センター事業）の2つの雇用対策を用意している。

(2) 中高年齢者に対する再就職促進

　事業主は、中高年齢者（45歳～65歳）を解雇、雇止めする場合には、その希望に応じて求人の開拓その他の当該中高年齢者の再就職の援助に関し必要な措置（再就職援助措置）を講ずるよう努めなければならない（高年15条）。

　再就職援助措置の具体例としては、①職場体験講習の受講、資格試験の受験等求職活動のための休暇等の付与、②前記①の休暇日等についての賃金支給、職場体験講習等の実費相当額の支給等求職活動に対する経済的支援、③求人の開拓、求人情報の収集・提供、関連企業等への再就職あっせん、④再

就職に資する職場体験講習、カウンセリング等の実施、受講のあっせん、⑤事業主間で連携した再就職の支援体制の整備、などである。

　雇用する中高年齢者が 1 ヶ月以内に 5 人以上解雇等により離職する場合は、「多数離職届」を公共職業安定所に提出しなければならない（高年16条）。

(3)　高年齢者に対する就業確保（シルバー人材センター事業）

　1979年、政府は、高齢社会の到来を見越して、高齢者雇用の在り方等を含む第 4 次雇用対策基本計画に策定した。これは、「高齢者の就業に関しては必ずしも常用雇用に限らず、個々の希望や能力・体力を生かした多様な形態での就業の機会が確保されるよう努める。」という基本方針を示したものであった。

　これを受けて、旧労働省は、1980年から、高齢者に対する任意的な就業機会を提供する団体を育成する地方公共団体に対し国庫補助を行うこととし、シルバー人材センター事業は国の施策として全国的に推進されることになった。これに併せて、それまで各地域において、「高齢者事業団」「生きがい事業団」「能力活用協会」等々、趣旨や理念を同じくした様々な団体の名称を「シルバー人材センター」に統一した。

　このようにシルバー人材センター事業は国の補助事業として実施されることになり、全国的に広がったのであるが、法律的な位置付けを欠き、組織運営上も事業執行上も様々な課題を抱えていた。こうした中で、1980年代前半に法制化の気運が高まり、高年齢者雇用安定法が制定され、国及び地方公共団体は、定年退職者その他の高年齢者の職業生活の充実等に資するために、臨時的かつ短期的な就業又は軽易な業務に係る就業を希望する者について、その希望に応じた就業の機会を提供するよう努めなければならないと規定されることになる（高年37条）[7]。

　これを受けて、都道府県知事は、高年齢者の福祉の増進に資することを目的とした一般社団法人又は一般財団法人を、市町村の区域ごとに 1 ヶ所に限

7　全国シルバー人材センター事業協会編『シルバー人材センター事業　運営の手引き　上巻（改訂 4 版）』（社団法人雇用問題研究会、2005年）2 - 4 頁。

り、「シルバー人材センター」として指定することになる（高年37条1項）。

　シルバー人材センターが提供できる業務は、臨時的・短期的・軽易な業務（ただし、厚生労働大臣が定めるものに限る）に限定される。臨時的・短期的な業務は概ね月10日程度以内の業務であり、軽易な業務とは、当該業務の処理に要する1週間当たりの時間が労働者の1週間当たりの平均的な労働時間に比し相当程度短いもの又は特別の知識又は技能を必要とすることその他の理由により同一の者が継続的に当該業務に従事することが必要である業務とされる（平成12年労働省告示82号）。そして、職業安定局長通達（平成16年職高発1104001号）は、概ね週20時間を超えないことを目安としている。

　シルバー人材センターは、発注者（企業、過程、官公庁）からの仕事の依頼を受け、これを会員に依頼し、会員（高年齢者）と請負契約を結んで、会員は発注者の下で仕事を遂行するもので、会員は仕事完了した後に、シルバー人材センターから配分金の支払いを受ける。

　近年は、前述の請負・委任による業務以外にも、労働者派遣事業、職業紹介事業、介護事業、さらには、独自事業として学習塾などを展開している。このように、シルバー人材センターは、高年齢者の就業の受け皿として機能しているが、従事する職業が基本的に臨時的・短期的・軽易な業務に限定されており、その就業機会の拡大が求められる。特に、ホワイトカラーの定年退職者に合った就業機会の開拓が求められる。

第5節　若年者の雇用促進

1. 若年者の雇用状況

　日本は、これまでは若年者雇用に関して極めて優秀な国であった。学校卒業前に就職先を決定し卒業と同時に正社員として入職するという新卒一括採用方式の下で、若年者は学校から切れ目なく職業生活に移行することができたからである。

　ところが、1990年代のいわゆる就職氷河期以降、在学中に就職先を決定で

きず非正規雇用で働く者（いわゆるフリーター）が増加している。総務省の就業構造基本調査によれば、2007年10月から2012年 9 月までの調査期間でみると、最初に就いた仕事（ただし通学の傍ら行ったアルバイト等は除く）が非正規であった雇用者の割合は約 4 割（39.8％）である。1987年10月から1992年 9 月までの期間における初職就業時の非正規の割合は13.4％であったから、20年間で、初職就業時の非正規の割合は約 3 倍に拡大した。

さらに、15歳から34歳までの無業で求職活動も修学もしていない若者（いわゆるニート）の数は、内閣府「子供・若者白書」（平成29年版）によれば、2016年に57万人にのぼる。これは、ピーク時の2002年と比べて 7 万人減少しているが、最近はニート状態に長くとどまり、景気の回復があっても就労することが困難な人が増えている。

卒業後 3 年間の離職状況をみると、中学校卒で約 7 割、高校卒で約 5 割、大学卒で約 3 割となっている。いわゆる七五三現象である。2000年頃のピーク時と比較すればいくらか減少しているとはいえ、それでも離職率は高い割合を示している。

その要因は様々であるが、そのひとつに、労働時間などの面で求人募集時の就労条件と就職後のそれとのギャップが指摘されている。また、不払い残業など、若者を使い捨てにする企業（いわゆる「ブラック企業」）の行動が問題となっている。

若年労働者人口が減少する中で、こうした若年者の雇用状況は、日本の経済的・社会的な発展にとっても大きな懸念材料といえる。非正規雇用に従事するフリーターは、正社員の処遇との格差も大きく、年収も自立した生活ができない水準である場合が少なくない。

なお、若者（青少年）の対象年齢は「35歳未満」であるが、個々の施策の運用状況に応じて、概ね「41歳未満」の者についても、その対象とする場合がある（平成28年厚生労働省告示 4 号）。

2.　若者雇用促進法の制定経緯と目的

これまで高年齢者、障害者、女性の雇用に関しては、それぞれ独立の法律が制定され、その雇用促進が図られてきた。すなわち、高年齢者には高年齢

者雇用安定法、障害者には障害者雇用促進法、女性については男女雇用機会均等法が雇用対策を定めてきた。ところが、若年者だけを対象とした法律がなく、ただ、政府による様々な臨時的な雇用促進施策と、雇用対策法旧7条が、若年者の雇用確保等に関する事業主の努力義務を課すにとどまっていた。

しかし、既に述べたように、若者の雇用問題は景気に左右される一時的な問題ではなく、総合的かつ恒常的な対策が求められることは明らかである。厚生労働省労働政策審議会は2015年1月23日に「若者の雇用対策の充実等について」を厚生労働大臣に建議し、政府は、これを受けて、同年3月若者雇用促進法案を閣議決定し、国会に提出し、同年9月に成立している。

若者雇用促進法は既存の勤労青少年福祉法の題名を「青少年の雇用の促進等に関する法律」(以下、若者雇用促進法という)に改めた上で、若者に対する総合的な雇用対策措置の導入を図るもので、日本ではじめての本格的な若年者を対象とする雇用対策法である。

若者雇用促進法の目的は、青少年の「適性並びに技能及び知識の程度にふさわしい職業」(適職)の選択並びに職業能力の開発・向上に関する措置を総合的に講ずることによって、若者の能力を有効に発揮させ若者の福祉の増進と経済社会の発展に寄与することにある(同法1条)。

若者雇用促進法の主な内容は、①新卒者等の適職選択及び定着のための措置を、公共職業安定所、事業主に課し、②職業紹介事業者、募集受託者、募集情報等提供事業者、若者の職業能力の開発・向上を業として行う者に若者の雇用機会の確保等が図られるよう相談に応じ、必要な助言その他の措置を行う努力義務を定め、③国、地方公共団体に対し若年無業者(ニート)への職業的自立の支援、フリーター等の安定的な仕事への移行支援の責務を課し、④若者の雇用促進に係わる関係者の責務を明確化すること等である。

3. 適職選択及び定着のための取組

新規学卒者が適職を選択できるように、公共職業安定所は、学校と協力して、必要な雇用情報を提供し、職業選択に必要な措置を講じる(若者雇用9条)。公共職業安定所と学校との協力は、①公共職業安定所が新規学卒者の職業紹介を専管して行う場合(職安26条)、②学校が公共職業安定所の窓口の

延長として職業紹介を行う場合（同27条）、③学校が無料の職業紹介事業を行う場合（同33条の２）に分かれる。

　中学校では公共職業安定所が専管で行う場合が多いのに対して、高等学校では学校が公共職業安定所の窓口となったり、無料の職業紹介事業を行う場合が多い。

(1)　青少年雇用情報の提供

　求人企業は、募集に応じて労働者になろうとする青少年に対し、従事すべき業務の内容及び賃金、労働時間その他の労働条件を明示しなければならない（職安５条の３第１項）。また、求人企業は、職安法５条の３第２項により、青少年を対象とした求人の申込みに当たり、公共職業安定所又は職業紹介事業者に対し、労働条件等を明示しなければならない。

　他方で、離職率、平均勤続年数、残業時間など職場の就労実態に関する情報（以下、「青少年雇用情報」という）を求職者に提供する義務はなかった。しかし、こうした青少年雇用情報の提供はミスマッチを回避する上で重要である。

　そこで、若者雇用促進法は、学校卒業見込みの者等（ここには既卒３年以内の者も含まれる）に対する求人募集（新卒求人）において青少年雇用情報の提供を３段階に分けて事業主に求めている。

　まず、新卒求人を行う事業主は広く青少年雇用情報を提供するよう努めることとされる（若者雇用13条１項）。さらに、特定企業の求人募集に応じた者又は応じようとする者に対しては、その求めに応じて、当該企業の青少年雇用情報の提供が義務付けられる（同条２項）。また、企業が新卒求人を公共職業安定所、民間の職業紹介事業者等に行った場合には、公共職業安定所等の求めに対しても情報提供が義務付けられる（同法14条２項）。

　青少年雇用情報の内容は、①募集・採用に関する状況（直近３事業年度の採用者数及び離職者数、平均勤続年数、採用者数の男女別人数等）、②企業における雇用管理に関する状況（直近事業年度における１人当たりの育児休業取得者数（男女別）、同じく有給休暇取得者数、同じく１ヶ月当たりの平均所定外労働時間数、役員に占める女性の割合）、③職業能力の開発・向上に関する状況（研修の有無及び内容、自発的な能力開発に対する援助の有無及び内容、新規学卒者の能力開発に関

する相談に応じ、又は相談に応じる者の割当て制度の有無、キャリアコンサルティングの機会を付与する制度の有無）などである（若者雇用施行規則5条）。ただし、事業主は、この全てではなく、上記①から③の類型ごとに1つ以上を電子メール又は書面により提供すればよい（同規則6条3項）。

　新卒者等への情報提供はかなり手厚くなるが、応募者にとってこうした情報提供を求めることが自己に対するネガティブ評価につながる懸念がある。そこで、求人企業は、青少年雇用情報の提供を求めた応募者を不利益に取り扱わないように留意しなければならない（「青少年の雇用機会の確保及び職場への定着に関して事業主、特定地方公共団体、職業紹介事業者等その他の関係者が適切に対処するための指針」（平成27年厚生労働省告示406号）第2の二）。

(2)　公共職業安定所による求人不受理

　職安法5条の5によれば、公共職業安定所は原則として全ての求人申込みを受理しなければならない（受理原則）。しかし、就業に関する経験が少ない新卒者が、若者を使い捨てにする一部企業の下で働くことは、若者のキャリア形成において重大な悪影響を与えるおそれがある。そこで、若者雇用促進法は、不払残業等の労働関係法令違反を繰り返す企業からの新卒求人申込みを、公共職業安定所が一定期間受理しないことができるとしている（若者雇用11条。一般求職者については職安法5条の5参照）。

　公共職業安定所以外の民間職業紹介事業者はこの制度の対象から外れている。しかし、民間事業者が自発的に、当該違反企業からの求人申込みを受理しないように、取扱職業の範囲から除外した場合、こうした企業からの求人申込みを拒否することができる。この場合、職安法5条の5の受理原則は民間事業者に適用されない。

(3)　優良な中小企業の認定制度

　若者の採用・育成に積極的に取り組み、実力がある中小企業でも、知名度等から若者の採用で苦戦を強いられる面もある。そうした中小企業の情報発信を後押しし、こうした企業と新卒者とのマッチングを支援する必要がある。そこで、若者雇用促進法は、若者の雇用管理の状況が優良な中小企業（常時

雇用する労働者が300人以下の事業主）について、厚生労働大臣による新たな認定制度の創設を盛り込んでいる（若者雇用15条）。この制度により認定された企業は「ユースエール企業」と呼ばれる。

　「ユースエール企業」は、かつての「若者応援宣言企業」（2017年度末をもって終了）と差別化するために、より厳格な基準を設けている。

　認定されることによって、当該企業は、商品等に認定マークを付けることができるだけではなく、公共職業安定所での重点PRによる情報発信の支援、若者の採用・育成を支援する関係助成措置の上乗せ、例えば、トライアル雇用奨励金の助成額加算などのメリットが与えられる（雇保施行規則110条の３）。

4. 若年無業者、フリーター、ニートに対する就労支援

(1) これまでの就労支援策

　若年失業率はリーマンショック後低下傾向にあるが、他の年齢層に比較して高く、またフリーター数は155万人前後で推移している。非正規雇用に就いた理由として「正規の職員・従業員の仕事がないから」と回答している不本意非正規労働者の割合も、他の年齢に比べて若年層では高くなっている。こうした事態に対応するため、様々な政策がとられている。

　若年無業者とフリーター、ニートの違いは必ずしも明確ではないが、若年無業者は、①求職型、②非求職型、③非希望型（ひきこもりを含む）に分類される。これに対して、ニートは非求職型無業者といわゆる「ひきこもり」を包含した集団であり、フリーターは、不安定な就労状態にある層（非正規雇用形態に就労する労働者の一部）とされている。

　若年無業者の就労上の困難としては、企業側の問題として、新卒採用への固執、フリーター採用意欲が乏しいなどが挙げられ、労働者側の問題として、就労意欲の不足、職業能力の未成熟、職業に関する知識（キャリアパス、雇用ルールなど）の不足などが挙げられる。

　政府は35歳未満の若年無業者を対象として、これまでも雇用促進策を講じてきた。例えば、2003年にはいわゆる「若者自立・挑戦プラン」を策定し、主に①若年者向けの実践的な教育・職業能力開発の仕組みとして、新たに、企業実習と教育・職業訓練を組合せ、若者を一人前の職業人に育てる日本版

デュアルシステムの導入（デュアル訓練を実施する企業に対して、雇用保険2事業からキャリア形成促進助成金が支給される）、②公共職業安定所にジョブサポーターの配置、③「トライアル雇用」の活用、④若年者のためのワンストップサービスセンター（ジョブカフェ）を地域に設置するなどの施策を実施した。

　日本版デュアルシステムとは職業訓練機会に恵まれなかった者を対象に、企業実習等を教育訓練機関におけるOff-JTを組み合わせて実施し、修了時に能力評価を行う訓練制度である。これは、主として教育訓練機関が若年者を訓練生として受け入れるとともに、実習受入れ企業を開拓し、企業と共同で訓練計画を立案の上、Off-JTを自己の施設において実施し、実習については企業に委託するもの（教育訓練機関主導型）として、展開されている。

　2004年の「若者の自立・挑戦のアクションプラン」においては、これまでの取組を強化して、①ニート対策として若者自立塾の創設、②ヤングジョブスポットの設置、③トライアル雇用の拡充がなされた。

　さらに、2005年には、①フリーター25万人常用化プランの推進とともに、②「実践型人材養成システム」がモデル事業として始まる。これは、企業が若年者を有期パートタイム労働者等として雇用するとともに、教育訓練機関を選択し、当該教育訓練機関と共同で訓練計画を立案の上、OJTを自社において実施し、Off-JTについては教育訓練機関に委託する。このシステムの下では、訓練生は労働者としての側面をももつことになる。これは、2007年には職業能力開発法の改正により法律に盛り込まれた（能開10条の2）。

(2)　フリーター等に対する就職支援

　平成27年版の「子ども・若者白書」によれば、15歳〜34歳のフリーターの数は約180万人にのぼる。フリーター期間が長くなるほど、正社員への転換が困難となる傾向にある。

　そこで、若者雇用促進法は、非正規雇用で働く若者などの状況とその希望に応じて、公共職業安定所が職業指導、職業紹介を強化することを定めている。具体的には、「わかものハローワーク」におけるキャリアコンサルティング機能の強化がなされている。

　さらに、雇用保険2事業に基づき、職業経験、技能、知識等から安定的な

就職が困難な求職者について、正規雇用等の早期実現を図るために、これらの求職者を常用雇用へ移行することを目的に一定期間（原則3ヶ月）試行雇用するトライアル雇用制度を設けている。

トライアル雇用とは、原則3ヶ月間の試行雇用を行うことにより、対象となる労働者の適性や業務遂行の可能性などを実際に見極めた上で、トライアル雇用終了後に常用雇用として採用するかどうかを決める制度である。

事業主は、トライアル雇用期間に対応して、対象労働者1人当たり一定額のトライアル雇用助成金を受給できる（雇保施行規則110条の3）。

トライアル雇用

> トライアル雇用とは、職業経験不足などから就職が困難な求職者を原則3ヶ月間試行雇用することにより、その適性や能力を見極めて、常用雇用への移行を促す制度である。受け入れる事業主には原則として1人当たり月ごとに一定額の助成金が支給される。この制度の対象者は、①過去2年以内に、2回以上離転職を繰り返している、②紹介日前の時点で、離職している期間が1年を超えている、③妊娠、出産・育児を理由に離職し、安定した職業に就いていない期間が1年を超えている、④紹介日以前にニート又はフリーターで45歳未満の者である、⑤就職の援助に当たり特別な配慮を要する（生活保護受給者、ひとり親世帯の親、日雇労働者、生活困窮者等）のいずれかの要件を満たした者である。

また、有期契約労働者、短時間労働者、派遣労働者といった非正規雇用労働者の企業内のキャリアアップを促進するために、正規雇用転換や処遇改善を行った事業主に対して、キャリアアップ助成金を支給している（雇保施行規則118条の2）。

こうした若者が、生涯にわたるキャリア形成を見通して安定した雇用に移行できるようするためには、若者に対する職業能力開発施策の体系的整備が極めて重要である。しかし、職業経験に乏しい若者には個人でキャリア形成について考えることに課題がある。そこで、キャリアコンサルティング機能の強化の一環として、国はキャリアコンサルタントを国家資格（キャリアコンサルティング技能士）とし、その登録制を敷き、名称独占資格としている。

また、非正規で働く若者がその職業能力を企業横断的に証明することが必要である。職業能力証明のツールとして既にジョブ・カードがあるが、これ

までその活用は職業訓練受講者に限られる傾向があった。若者雇用促進法は、新卒者を含め広く活用するため、その書面の様式の見直しと一層の普及を提起している。

(3) ニート等の職業的自立支援

ニートという言葉は、イギリスのNEET（Not in Education, Employment or Training）に由来している。日本では、学説はニートを「15～34歳の配偶者のいない人で、ふだん仕事をしておらず、家事や通学もしていない人のうち、求職活動や開業の準備をしておらず、また、在学中でもない者」と定義してきた[8]。若者人口が減少している中で、ニートの人数は50万人台半ばで高止まりしている。

若者雇用促進法は、「就業、修学及び職業訓練の受講のいずれもしていない青少年であって、職業生活を円滑に営む上で困難を有するもの」と表記し、はじめてニート等の無業青少年を法律で定義した上で、国、地方公共団体の責務を明記し、対策を強化している（23条、24条）。また同法は、国がニート等に対し、その特性に応じた相談機会の提供、職業生活における自立を支援するための施設の整備等の必要な措置を講ずる旨を明記して（若者雇用23条）、地域若者サポートステーション（「サポステ」という）の法的地位を明確化した。

ニート等の若者については、2006年度以降、サポステが支援の拠点として不可欠の役割を果たしている。主な支援内容は、履歴書・面接の指導、ビジネスマナー・コミュニケーション講座の開設、就労体験の実施などである。

2020年4月から、サポステは、①対象年齢を従来の15歳から39歳までを49歳に引き上げ、さらに②生活困窮者支援窓口を開設して支援範囲を拡大した。

就職氷河期世代の活躍支援

1990年代～2000年代の雇用環境が厳しい時期に新卒者として就職活動を行った世代は、就職氷河期世代と呼ばれる。希望する就職ができず、不本意ながら不安定な仕事に就いている、無業の状態にある、社会参加に向けた支援を必要とす

---

8 小杉礼子『若者と初期キャリア——「非典型」からの出発のために』（勁草書房、2010年）40-49頁。

るなど、様々な課題に直面している者がこの世代には多数存在している。これらの者が、就職し、正社員化することや多様な社会参加が実現できるように、政府は様々な支援プランを策定している。具体的には、地域ごとのプラットフォームを設け、ハローワーク、地域若者サポートステーション、ひきこもり地域支援センター、自立相談支援機関等の地域にある拠点を活用し、NPOなどの民間支援機関等との連携を図りながら、地域一体となって支援を行っている。

第 6 節　障害者の雇用促進

1. 日本の障害者雇用促進政策の特徴

障害者の雇用機会の確保のあり方には、国際的には「差別禁止」と「雇用率制度の導入」という 2 つのアプローチがある[9]。

前者は1990年に制定されたアメリカのADA（Americans with Disability Act＝障害をもつアメリカ人法）が代表的で、イギリス、カナダ、オーストラリア、ニュージーランドなどにも導入されている。募集、採用、昇進、解雇、報酬などの雇用条件について職務の基本部分を遂行できる障害者を障害ゆえに差別することを禁止し、個々人の障害の状態に応じた「合理的な配慮」を事業主に義務付け、差別した場合の罰則規定をもっている。

後者の雇用率制度導入のアプローチは、一定の比率で障害者雇用率を設定し、その強力なタイプでは障害者を雇用することを企業の義務とし、その雇用率が未達成の場合には「納付金（課徴金）」の徴収をリンクさせるもので、ドイツ、フランスなどで導入されている。

後者が労働市場に直接に介入し規制する方式であり、一種の「積極的差別是正措置」であるのに対して、前者は労働市場に対する間接的な介入方式である。日本は、これまで障害者雇用促進法は後者の雇用率制度を採用してい

9　労働政策研修・研究機構『CSR経営と雇用——障害者雇用を例として』（2005年）101-110頁。

たが、これを維持したまま、2013年改正により、障害者の差別禁止制度を新たに導入した。

2. 障害者雇用促進法の展開

　障害者雇用法制は、古くは障害者福祉の一部であり、両者は未分化であった。1949年の身体障害者福祉法の制定当時は、福祉はケアや医療よりも広く、身体障害者の社会復帰や、傷痍軍人の職業生活の再開をも含んでいた。

　しかし、高度成長期にはいるとともに、雇用と福祉の分離が進行する。1959年の国民年金法改正が障害福祉年金を導入し、労働しない、又はできない障害者の生活を保障することは、暗黙の前提とされるようになる。そして、1960年の身体障害者雇用促進法の成立によって、福祉と雇用は明確に分離することになる。

　その後、高度成長期に、老人福祉法、母子福祉法、精神薄弱者福祉法などが制定されるが、いずれも、労働に従事できない障害者の国庫負担による保護を目的としたものであった。障害者雇用の展開で注目すべきは、高度成長が終結した1970年代半ばになされた身体障害者雇用促進法の改正であった。このとき、障害者雇用促進施策の中核となる法定雇用率制度と納付金制度が導入された。

　低成長期にはいると、就業形態の多様化が進行する。1987年の改正は、対象範囲を身体障害者から精神薄弱者（この用語は差別的ニュアンスがあることから後に知的障害者に変更された）、精神障害者を含む全ての障害者に拡大し、その名称を、身体障害者雇用促進法から「障害者の雇用の促進等に関する法律」（以下、障害者雇用促進法）に改め、知的障害者の雇用数を身体障害者の雇用率に算入している。また、職業リハビリテーションの原則を法律に明記し、職業リハビリテーションに関する施設を法律上位置付けている。1997年、知的障害者も雇用義務の対象となる。

　2006年、国連総会において、障害者の権利の実現のための措置をとるよう各国に求める「障害者権利条約」が採択され、2007年に政府はこの条約に署名した。この条約の批准に向けて、政府は2013年に「障害を理由とする差別の解消の推進に関する法律案」と障害者雇用促進法改正案を国会に提出した。

2014年、政府は障害者権利条約を批准した。

　2013年の改正障害者雇用促進法は（2017年施行、ただし一部は2018年施行）、障害者に対する差別の禁止及び障害者が職場で働くに当たっての支障を改善するための措置（合理的配慮の提供義務）という重要な制度を新たに導入した。これにより、日本の障害者法は、国際的な2つの潮流を統合した法制度となった。同時に、この改正により、2018年4月1日から精神障害者は雇用率算定の要素に組み込まれることになる。

3. 障害者雇用促進の目的と障害者の概念

(1) 目的と基本的理念

　障害者雇用促進法は職業生活における自立を促進する措置を講じ、障害者の職業の安定を図ることを目的としている（障雇1条）。その基本的理念は、障害者が「経済社会を構成する労働者の一員として、職業生活においてその能力を発揮する機会を与えられる」ことにある（同法3条）。こうした理念を「ノーマライゼーション」という。ノーマライゼーションは、障害者が他の一般市民と同様に社会の一員として種々の分野の活動に参加できるようにしていこうとする考えである。

(2) 障害者の概念と範囲

　一般に、障害者は障害の種類別に、身体障害者、知的障害者、精神障害者、発達障害者、その他に分類される。この中で、障害者雇用促進法が適用される障害者とは、身体障害、知的障害又は精神障害（発達障害を含む）その他の心身の機能の障害があるため、長期にわたり、職業生活に相当の制限を受け、又は職業生活を営むことが著しく困難な者をいう（障雇2条1号）。障害者雇用促進法の適用を受ける障害者を対象障害者という（同法37条2項）。

　障害者の範囲は、具体的には、身体障害者については、身体障害者のうち障害者雇用促進法別表に掲げる障害があるもので（障雇2条2号）、概ね身体障害者福祉法施行規則別表5号の身体障害者障害程度等級表の1級から6級に掲げる身体障害がある者及び7級に掲げる障害が2以上重複している者をいう。身体障害者であることの確認は、原則として、身体障害者福祉法15条

に規定する身体障害者手帳によって行う。

　知的障害者は知的障害者のうち厚生労働省令で定めるものをいうが、具体的には、児童相談所、知的障害者更生相談所、精神保健福祉センター、精神保健指定医又は障害者職業センター（知的障害者判定機関）により知的障害があると判定された者をいう（障雇2条4号、同施行規則1条の2）。

　精神障害者は精神障害があって厚生労働省令が定めるものをいうが、具体的には、①精神保健福祉法45条2項により精神障害者保健福祉手帳の交付を受けている者、又は②統合失調症、そううつ病又はてんかんにかかっている者であって、症状が安定し、就労が可能な状態にあるものとされている（障雇2条6号、同施行規則1条の4）。

　なお、身体障害者、知的障害者のうち、その障害の程度が重い者は重度身体障害者及び重度知的障害者という（障雇2条3号・5号）。

　法は、重度の障害を有する者は、障害者雇用率の算定に当たってその1人を2人に算定する取扱いをしている。

4. 障害者差別の禁止と合理的配慮

(1) 差別禁止

　障害者雇用促進法は、雇用の分野における障害を理由とする差別的取扱いを、採用前と採用後に分けて禁止している。すなわち、労働者の募集及び採用に当たり、事業主は「障害者に対して、障害者でない者と均等な機会を与えなければならない」（障雇34条）。採用後においては、「事業主は、賃金の決定、教育訓練の実施、福利厚生施設の利用その他の待遇について、労働者が障害者であることを理由として、障害者でない者と不当な差別的取扱いをしてはならない」（同法35条）。

　障害を理由とした差別とは、差別意思に基づいてなされた不利益取扱いをいう。すなわち、差別的取扱いをする者が、差別禁止事由を認識し、それを理由として、差別禁止事由のない者とは異なった取扱いをすることである[10]。

10　永野仁美・長谷川珠子・富永晃一編『詳説障害者雇用促進法（増補補正版）』（弘文堂、2018年）175頁（富永晃一）。

「理由として」の意味は、障害そのものを理由としたものだけではなく、例えば、車いす、補助犬その他の支援器具等の利用、介助者の付添い等の社会的不利を補う手段の利用等を理由とする不当な不利益取扱いを含む。

　ただし、障害を理由とした不利益取扱いが直ちに禁止されるのではなく、それが不当な場合に限られる。この場合の「不当」とは、不利益取扱いにつき、障害者が従事する業務の性質、雇用管理上の理由その他合理的な理由がある場合は禁止を免れることを意味している。

　障害者雇用促進法35条で列挙された差別禁止事項は、男女雇用機会均等法6条のように詳細に規定されていないが、同法6条に掲示する事項全てを含むと解される。すなわち、賃金、配置（業務の配分及び権限の付与を含む）、昇進、降格、教育訓練、福利厚生、職種の変更、雇用形態の変更、退職の勧奨、定年、解雇、労働契約の更新の事項について、障害者であることを理由としてここに掲げる行為をしたり又はしなかったりすること、あるいは、障害者に対してのみ不利の条件を課すことは許されない（障害者差別禁止指針、平成27年厚生労働省告示116号）。

　ただし、次の措置を講ずることは、障害者であることを理由とする差別に当たらない。すなわち、①積極的差別是正措置として、障害者でない者と比較して障害者を有利に取り扱うこと、②合理的配慮を提供し、労働能力等を適正に評価した結果として障害者でないものと異なる取扱いをすること、③合理的配慮に係る措置を講ずること（その結果として、障害者でない者と異なる取扱いとなること）、④障害者専用の求人選考又は採用後において、仕事をする上での能力及び適性の判断、合理的配慮の提供のためなど、雇用管理上必要な範囲で、プライバシーに配慮しつつ、障害者に障害の状況等を確認することがそれである。

　ここでいう差別は直接差別をいい、差別意図を伴わない表面的には中立的な基準又は慣行を適用することにより、障害者又は障害者集団に結果として不利な影響をもたらす場合（いわゆる「間接差別」）はここでは禁止の対象ではない。

　募集・採用において障害者であることを理由として差別を行ったか否か判断するのは容易ではない。募集・採用そのものとはいえないが、公共職業訓

練施設の入校試験に不合格となったことが、障害を理由とする差別によるものと判断した裁判例がある。

【事例】広汎性発達障害を抱え障害者手帳を有するXが、ハローワークの紹介によりY県が運営する公共職業訓練施設に介護職初任者研修コース受講を申し入れたところ、Y県は公共職業訓練施設の入校試験でXを不合格とした。この入校試験では、定員が15名のところ14名が受験し、Xは筆記試験で3位であったところ面接試験で最下位であった。面接担当者2名が共にXが本件職業訓練を受講・修了するのに支障があると認めたためであった。それは、Xが1つのことをやり続けることはできるが別のことを言われると抜けることがあり、臨機応変な対応ができないこと、面接中面接担当者らと目線が合わない状態であったことなどにより、一部項目でゼロとされたことが理由であった。これに対して、Xは、不合格処分が発達障害を理由とした直接差別に該当するとして、Y県に対して国家賠償法に基づく損害賠償を請求した。なお、Xはこの不合格のすぐ後、求職者支援に基づく訓練コースを受講して、成績優秀者としてコースを修了している。

　国・高知県（公共職業訓練不合格取消等）事件・高知地判平成30・4・10賃金と社会保障1729号23頁は、以下のような理由で、障害を理由とする差別があったと認めた。

　判決では第1に、「直接差別は、障害者に対する主観的差別意思を伴った差別であるところ、差別意思についての直接証拠があることはまれであり、間接事実から差別意思を推認するほかはない。本件職業訓練の選考に関していえば、少なくとも、原告が、①原告が障害を有していたこと、②原告が職業訓練の選考に応募したこと、③原告がその受講に必要な資格要件を満たしていたこと、④それにもかかわらず、原告が受講を拒否されたこと、⑤受講者枠は空いたままで残っていたこと等の間接事実が客観的に立証されれば、反証がない限り、差別意思が推認されるというべきである。」とした。

　第2に、発達障害と能力について、「――例えば、障害がある結果の能力では、職業訓練を受講・修了するのに支障があるという場合に、資格要件を充足しないと判定することは直接差別にあたるとはいえないが、障害の程度を殊更重く見るなどして能力を実際以下に著しく低く評価し、職業訓練を受講・修了するのに支障がないのに、支障があると判定することは直接差別に

該当することとなる。」とした。

(2) 合理的配慮の提供

　障害者雇用促進法36条の2から36条の4までの規定は、事業主に対し合理的配慮の提供を義務付けている。

　事業主は、労働者の募集・採用について、障害者と障害者でない者との均等な機会の支障となっている事情を改善するため、労働者の募集・採用に当たり障害者からの申出により当該障害者の障害の特性に配慮した必要な措置を講じなければならない（障雇36条の2）。

　また、障害者である労働者について、障害者でない者との均等な待遇の確保又は障害者である労働者の有する能力の有効な発揮の支障となっている事情を改善するために、事業主は、障害者の障害の特性に配慮した職務の円滑な遂行に必要な施設の整備、援助を行う者の配置その他の必要な措置を講じなければならない（障雇36条の3）。

　このように、事業主は、障害者の募集・採用に当たって及び職場で就業させるに当たって、障害の特性に配慮して必要な措置を講ずることを義務付けられているが、こうした措置が事業主に対して過重な負担を及ぼすこととなる場合は義務が免除される。

　合理的配慮の詳しい内容については、「雇用の分野における障害者と障害者でない者との均等な機会若しくは待遇の確保又は障害者である労働者の有する能力の有効な発揮の支障となっている事情を改善するために事業主が講ずべき措置に関する指針」（合理的配慮指針、平成27年厚生労働省告示117号）が定めている。

　具体例として想定されるものは、①車いすを利用する人に合わせて、机や作業台の高さを調整すること、②知的障害をもつ人に合わせて、口頭だけでなく分かりやすい文書・絵図を用いて説明することがある。

　合理的配慮の提供義務の実効性を担保するため必要と認められるとき、行政は、事業主に助言、指導又は勧告をすることができる（障雇36条の6）。

5. 障害者雇用率制度

(1) 趣旨

　障害者の職業の安定を図るためには、障害者に雇用の場を確保することが重要であるが、自由競争原則の下では、障害者は健常者と同等に雇用機会を得ることは往々にして困難である。そこで、障害者雇用促進法37条は、全ての事業主は、「社会連帯の理念に基づき、適当な雇用の場を与える共同の責務を有する」とした上で、「進んで対象障害者の雇入れに努めなければならない。」と規定している。

　障害者雇用率制度とは、社会連帯の理念に基づき、身体障害者、知的障害者、精神障害者（以下では「対象障害者」という）について、一般の労働者と同様の水準で常用労働者となりうる機会を提供するために、常用労働者の数に対する割合（障害者雇用率）を設定し、法定の障害者雇用率以上になるように、対象障害者の雇用義務を事業主に対して課す制度である（障雇43条1項）。

　こうした制度を導入した理由は、身体障害者雇用率制度を導入した当時を踏まえると、次のようにいうことができよう。障害者は、その障害により職業生活上のハンディキャップがあるが、これは適切な職業リハビリテーションの措置又は障害者に適合した職場配置や作業施設、職場環境の改善整備によって、健常者と同様な程度に雇用機会を確保することが可能となる。しかし、こうした措置を講じたとしても、現実には、障害者の職業能力が健常者と完全に同等といえない場合も多く、また、適切な職場配置や作業施設、職場環境の改善整備等、事業主の負担もあることから、障害者の雇用を現実に、かつ確実に確保していくために、事業主に対して障害者の雇用を義務付け、事業主の協力を法的に要請することが必要となる。これが障害者に対する雇用義務であり、その実効性を確保する制度が雇用率制度である。

　障害者を雇い入れた事業主に対しては、雇用保険から特定求職者雇用開発助成金が支給される（雇保施行規則110条2項1号・2号）。

　雇用率制度の必要性は、障害を理由とした差別を禁止し、また、採用募集において事業主が合理的配慮の提供を義務付けた場合においても、なお、存

在するように思われる。

　障害者の雇用促進の理念からみると、障害者の差別禁止、合理的配慮の提供は優先的価値を有するものといえよう。しかし、個別事例において差別的取扱いの判断は容易ではなく、また、合理的配慮の提供も事業主の負担を考慮して決定すべきことから、また、フランス等の諸外国の経験に照らしても、雇用率制度はこの積極的差別是正措置として併存させる必要性があるといえよう。

　2019年における雇用障害者数は56万人強で、対前年4.8％の増加であった。また、法定雇用率を達成した企業の割合は48.0％である（厚生労働省調べ）。雇用障害者数は過去最高を更新したとはいえ、雇用率達成企業はまだ半数に満たないのが現状である。

(2)　障害者雇用率の設定基準

　障害者雇用率は、具体的な率を法律で決めず、労働者及び障害者の雇用状況等を随時反映させるために、労働者の総数に対象障害者である労働者の総数の割合を基準として一定の計算式で計算した率とし、5年ごとに割合の推移を勘案して決定することとなっている（障雇43条1項・2項）。

　現行の法定雇用率は、次の表11の通りである。

表11

	事業主区分	2021年3月1日から
民間企業	一般事業主	2.3％
国及び地方公共団体等	国及び地方公共団体	2.6％
	一定の教育委員会	2.4％

(3)　障害者雇用率の適用と特例措置

　雇用義務を負う民間事業主は従業員を43.5人以上雇用する事業主である。障害者雇用率は事業主（企業）単位で適用される。

　対象障害者で、週所定労働時間が20時間以上30時間未満の短時間労働者である者は、雇用率の対象となる（障雇43条3項）。

　重度身体障害者又は重度知的障害者を雇用する場合は、その1人をもって

2人の身体障害者又は知的障害者を雇用するものとみなされる（障雇43条4項）。また、重度身体障害者又は重度知的障害者である短時間労働者（週所定労働時間が20時間以上30時間未満の短時間労働者）を雇用する場合は、1人の身体障害者又は知的障害者を雇用するものとみなされる（障雇43条5項）。

親子会社であっても雇用率は個々の事業主単位で適用されるが、障害者に配慮した一定の要件を満たす子会社（これを特例子会社という）について、公共職業安定所長の認定を受けた場合、特例的に障害者雇用率制度及び障害者雇用納付金制度の適用に関して、親会社と同一の事業主とみなしている（障雇44条）。

特例子会社を保有する企業が特例子会社以外のその他の子会社（これを関係会社という）を含めて障害者雇用を進める場合、一定の要件の下に関係会社に雇用されている労働者も特例子会社に雇用されている労働者と同様に親会社に雇用されている者とみなし、親会社は関係会社を含めた企業グループ単位で障害者雇用率制度及び障害者雇用納付金制度の適用を受ける（障雇45条）。

6. 障害者雇用納付金、障害者雇用調整金その他

(1) 障害者雇用納付金

障害者を雇用するには、作業施設、設備などの改善、職場環境の整備、特別の雇用管理などが必要となる場合があり、健常者の雇用に比べると経済的に負担が伴うことが否定できない。このため雇用義務を誠実に履行している事業主とそうでない事業主とでは、経済的負担に差が生じることになる。そこで、障害者を雇用することは事業主が共同で果たしていくべき責任であるという社会連帯責任の理念に立って、事業主間の障害者雇用に伴う経済的負担を調整するとともに、障害者を雇用する事業主に対して助成、援助を行うために、事業主の共同拠出による障害者雇用納付金制度が設けられている（障雇53条）。

常時雇用している労働者が100人以上で雇用率未達成の事業主は、法定雇用障害者数に不足する障害者数に応じて一定額の納付金を納付しなければならない。

納付金の徴収は、独立行政法人高齢・障害者雇用支援機構が行う（障雇53条）。

⑵　障害者雇用調整金

障害者雇用調整金は、雇用率を超えて障害者を雇用する事業主の経済的負担を一定水準まで軽減し、障害者の雇用に伴う経済的負担の調整を図ることを目的に支給される（障雇50条）。雇用率を超えて障害者を雇用する事業主に対して法定雇用率を超える人数に応じて1人当たり一定額が支払われる。

雇用納付金制度は、法定雇用率を達成しない事業主に対する制裁ではないが、未達成事業主から一定額を徴収し、雇用率を超えて雇用する事業主に障害者雇用調整金を支給することにより、実質的には、未達成事業主に対する制裁の機能を果たしていることになる。

なお、常時雇用している労働者数が100人以下の事業主で、各月の雇用障害者数の年度間合計数が一定数を超えて障害者を雇用している場合は、「報奨金」を支給している（障雇制定附則4条）。

第10章

職業能力開発と法

第1節　職業能力開発制度の展開

　職業能力を広く生産活動を行うために個人が保有する能力と考えると、職業能力の開発は、古代から受け継がれてきた人間社会の基礎的な営みということができる。古代から、技術革新、生産組織の変化に伴い様々な技術、技能が生み出され、それは個々の人間の個人的知識・経験の枠を越えて伝承されてきた。

　日本の職業能力開発は、明治時代までこうした職人の技能伝承の形をとってきた。明治期において、明治政府が富国強兵と殖産興業のために、西洋の科学技術を組織的に取り入れるようになって、職人的熟練の伝承と並んで、近代的な技術の習得と技能者の養成が始まった。その象徴は、陸海軍工廠を中心とした金属・機械工業の展開と、各地の造船所の建設、さらに、富岡製糸工場の開設に代表される、日本の貿易産業の柱となる製糸技術の全国的展開であった。

　こうした新たな技術の導入が図られた製糸業、機械工業、造船業などでは、明治末期頃から徐々に「職人徒弟制」の導入により技能者の養成が行われるようになる。こうした技能者養成制度の展開に合わせて、これを支援する法制度も整備される。

　1916年に施行された工場法は、施行令の中で徒弟に関する条件を明示し、徒弟の指導者、教習事項や期間、就業方法、給与などについて地方長官の認可を受けることなどを規定した。しかし、こうした認可を受けた徒弟制度はあまり振るわず、むしろ、実習を通じた見習いが多かった。こうした技能者

養成制度は戦争の激化とともに消えていった。

　戦後、1947年に労働基準法が制定され、そこに技能者養成が規定され、「技能者養成規程」も公布される。これにより、従前の徒弟制度のもつ様々な弊害から年少労働者を保護しながら、積極的に技能者養成が図られることになる。

　1950年代中頃までは、年少者を雇い入れ企業特有の技能者の養成が行われたが、高校進学者が増加するにつれて、企業は高校生に照準を合わせた養成を行うことになる。一方で、失業者については、国及び地方自治体が設置した公共職業訓練施設が、再就職支援の一環として職業訓練を行ってきた。これは大正末期に多数発生した失業者に対する職業補導が発端となった。

　第2次世界大戦直後に、国は、職業訓練を、企業による技能者養成制度と失業者に対する国主導の職業補導とに分けて規定した。すなわち、技能者養成制度は労働基準法に規定し、失業者の職業補導は職業安定法に規定した。

　しかし、単独で企業内に養成施設をもたない中小企業においては、国の助成が必要であり、国が技能者を養成する仕組みが求められた。そこで、1958年成立の職業訓練法は、技能者養成と職業補導を統合し、さらに労働者の技能水準の向上を図るために技能検定制度を設け、総合的な職業訓練制度を発足させることになる。

　1955年頃から、日本は高度経済成長に入り、また、高校進学が一般化する高学歴化が進行して、若年労働力が不足するようになる。ここにおいて、国は、従来の学卒に偏りすぎた求人態度を改め、労働者の能力の開発向上を図るために、青少年に対し、職業訓練制度を段階的、体系的に整備し、それぞれの訓練終了時における処遇の確立と公的資格の付与等による職業人の育成を図った。このことは同時に、中高年齢者の就職を難しくし、また、技能軽視、学歴偏重等労働者の能力の向上を妨げている、年功をベースとした雇用慣行の弊害を打破して、実力重視、技能尊重の雇用制度への転換を促進しようとすることになる。

　1966年に制定された雇用対策法は、新規学卒者の採用、年功序列的雇用管理を是正し、職務を中心とした募集・採用、雇用管理を目指すものであった。これと並んで、1969年の改正職業訓練法は、社会的に確立した技能を備えた

人を養成することを主たる目標としていた。これらは、現代風にいうと、職種別労働市場を目指すものであった。

しかし、日本の雇用形態は、1960年代以降労働力不足が続き、これと併せて新規学卒者の採用、定年までの雇用保障、年功的な処遇を基軸とする日本的雇用慣行が定着していく。1974年成立の雇用保険法は、職業訓練への助成を、中小企業が単独ないし共同で行っている認定訓練全体に拡大し、また、有給教育訓練休暇を付与する事業主や所定時間内に公共職業訓練を受講させる事業主に対して奨励金を交付する制度を設け、さらに、1978年の改正職業訓練法は、事業主に対する助成措置の範囲を、従来の認定訓練から大きく広げた。

こうして、日本の職業訓練は、製造業における事業主による企業内職業訓練を中核とするようになる。そして、職業訓練政策は、企業内職業訓練を助成するものであった。

ところが、1970年代後半、マイクロエレクトロニクス技術を中心とする技術革新、本格的な高齢化社会の到来、サービス産業の拡大などに伴い、就業形態の多様化が進み、ここにおいて、職業能力開発のパラダイムの転換が模索されるようになった。

1985年に職業訓練法は職業能力開発促進法（以下、能開法）に改正される。その主な課題は、①入職から退職までの職業生活の全期間にわたる職業能力開発、②第2次産業の労働者のみならず、幅広い部門の労働者の能力開発を行うこと、③技能の習得を主たる目的とする職業訓練に加えて各種の教育訓練の機会を活用した能力開発を行うことであった。

このように職業能力開発は、その対象者・内容を拡大させたが、その実施主体は依然として企業・事業主であった。戦後、日本の職業能力開発は、企業による在職者に対する企業内訓練に大きく依存し、補完的に公共職業訓練施設での訓練が行われるものだったといえよう。

こうした状況は、1990年代初頭のバブル崩壊で大きく変化した。職業能力開発政策は、企業主体の職業訓練と並んで個人主体のキャリア形成支援にも重きを置くようになる。この転換の背景には、経済環境が激変し、企業倒産・リストラによる失業・労働移動が加速化し、労働市場における個人のエンプ

ロイアビリティを高める必要があること、技術革新や産業構造等の変化により企業が求める人材ニーズと個人が保有する職業能力とのミスマッチが生じ、その解消のためには人材ニーズと個人のキャリアの方向をすりあわせる仕組みを社会的に構築する必要があること、知識社会では、個々の労働者は新たな価値を生み出すような自立した姿勢が求められ、自らのキャリアを構想し、能力を磨くことが必要であるとの状況認識があった。

　まさに、個人の継続した職業能力開発とキャリア形成が大きな課題となった。2001年の改正職業能力開発促進法3条は、労働者個人の自発的職業能力開発の意義を強調して、その基本理念として「職業生活設計」（キャリア・プランニング）に配慮する旨を明確に規定したのであった。これに伴い、個人の職務の経歴、職業能力その他を明らかにする書面（職務経歴等記録書、通称「ジョブ・カード」）の様式を定め、その普及が取り組まれている（能開15条の4）。

第2節　職業能力開発促進法の目的と理念

1. 職業能力開発促進法の目的

　企業及び個人による職業能力開発を支援する基本的な仕組みは職業能力開発促進法が定めている。

　能開法は、職業に必要な労働者の能力を開発し、向上させることを促進して、職業の安定と労働者の地位の向上を図り、経済及び社会の発展に寄与することを目的としている。そして、この目的を達成する手段として、能開法は、職業訓練及び職業能力検定の内容の充実、その実施の円滑化のための施策、並びに労働者が自ら教育訓練などを受ける機会を確保するための施策を総合的・計画的に講ずるとしている（能開1条）。

　職業能力の開発及び向上とは何を意味するのか。ドイツなどの職業別労働市場が確立している国では、職業能力開発とは、社会的に確立した職業概念を前提にして、特定の職業を遂行できるための技能に習熟し、又は体系的な知識を学習して、一定の職業資格を取得することをいう。しかし、明確な職

業の括りが確立していない日本では、労働市場は企業別に組織され、職業能力は特定の企業内において評価される（例えば、職能資格）。逆にいうと、入職前の新卒者の職業能力又は離職者の職業能力は、どのような職業についてどの程度あるのかはっきりしないことになる。

職業別労働市場と企業別労働市場

　職業別労働市場と企業別労働市場における職業能力開発の違いをドイツと日本を例にとって解説する。職業別労働市場とは、労働市場を分断する壁を職業間に置く労働市場である。その意味では、日本でも離職者・転職者の労働市場は実質的に職業別である。しかし、職業別労働市場を前提とした社会では、こうした仕組みが職業教育、募集・採用、処遇に強い影響を与えるのが一般的といえる。ドイツでは、学生はおおよそ10歳位で特定の職業を選択して職業教育（デュアルシステム）を受ける。これを終了すると、その職業教育の修了資格を得るが、これにより当該職業の「専門労働者」「職人」として社会的に認知される。求人募集・採用は概ね職業経験又は職業資格に応じて行われる。逆にいうと、特定の職業教育を終了していないと、求人募集に応募すらできない。例えば、ドイツの大学の法学部学生を例にとると、法学部の卒業試験は司法試験（第1次試験）である。これに合格して2年間の司法修習を受け、第2次試験に合格しないと、法曹資格だけではなく大学卒業資格も手に入らないことになる。

　これに対して、日本は、新卒者の採用に重点が置かれ、これは企業単位で募集・採用がなされるという意味で企業別労働市場である。学校教育は主として教養教育であり、工業高校などの一部を除いて職業教育は低調である。雇入れ時においても「新卒一括採用」が行われ、職業別に募集・採用が行われるわけではない。

　職業能力開発促進法が定める職業能力とは、「職業に必要な労働者の能力」（能開2条2項）をいう。職業能力とは業務の遂行に必要な能力であり、その職業における課題を処理する能力を意味するものである。職業能力開発促進法における職業能力は「技能」、「知識」及び「態度」の3つの要素からなるとされる。この3者の関係をみると、「態度」は「知識」及び「技能」を発揮するための前提条件となるものであり、「知識」が「職業能力」として発揮されるためには問題に応じて「知識」を検索し、実際に応じて適応できる「技能」が必要であるという関係が成り立っているとされる[1]。

職業能力の要素

職業能力の上記の説明はかなり抽象的であるが、「技能」とは、伝統的に、身についた「わざ」とされ、経験によって取得され、身体的な動作によって発揮されるもので、属人的性格が強いものとされる。一般に、技能労働者とは、製造業などの第2次産業の生産過程に従事する労働者をいう。「知識」は、概念化された言語のストック及び科学の法則に基づいて整序されたデータ体系のストックをいう。これに対して、「態度」とは、これらの知識と技能を活用して、具体的な場面で成果をあげるための態度や行動様式（「コンピテンシー」とも言われる）を修得し、それに従った行動をとれることをいうとされる[2]。

　職業能力は、入職前の学生に対する職業教育、入社後の企業内における職業訓練、離職後の企業外職業訓練の3つの局面を通じて開発される。

　「職業教育」とは、文部科学省によれば、「一定又は特定の職業に従事するために必要な知識、技能、能力や態度を育てる教育」である。職業教育は、学校教育のみで完成するものではなく、生涯学習の観点を踏まえて、卒業後も継続的になされるものである。しかし、職業教育は主として中等教育、すなわち、高等学校の職業学科あるいは専修学校でなされ、最近は普通科のカリキュラムにも含まれる。大学における職業教育も強化されつつあるが、現在のところ、キャリア教育が多く展開されている。最近、職業教育の意義が強調されているが、実際には、職業教育受講者数は減少傾向にあり、低調といえる[3]。

　これに対して、企業内の職業訓練のウエイトが大きい。企業は特定の職業遂行能力よりも、コミュニケーション能力と呼ばれる企業組織への順応力により比重をおいて採用し、その後、企業内のOJTを通じて徐々に職業能力を育成する。そして、職業能力の評価も、各企業の独自の人事制度（職能資格制度など）によって行われる。

　他方で、離職者（失業者）、非正規労働者などは、企業外の公共職業能力開

1　労務行政研究所編『改訂版　職業能力開発促進法』（労務行政、2008年）。
2　前掲（本章脚注1）124頁。
3　堀内達夫・佐々木英一・伊藤一雄・佐藤史人編『日本と世界の職業教育』（法律文化社、2013年）12-13頁。

発施設、各種専門学校などを利用して能力開発を行うことになる。

　こうした職業能力開発の構造の中で、能開法はどのような役割を果たしているのか。能開法は、第1に、事業主による職業訓練の奨励とその支援、第2に、国、地方自治体による公共職業能力開発、第3に、労働者自身による自主的な活動に対する支援を柱としている。入職前の職業教育については、能開法は、学校教育との重複を避け、かつ、これとの密接な関連の下に行わなければならないと規定しているが（能開3条の2第2項）、実際には、能開法の適用範囲外に置かれている。

　職業能力開発の支援策は、主に、雇用保険2事業に基づく事業主に対する雇用関連助成金による。ところが、雇用保険2事業は、事業主だけが拠出していることから、労働者個人への支援を行うことができない。そこで、雇用保険は、教育訓練給付により求職者支援を行っている。さらに、雇用保険の受給資格がない人には職業訓練を受ける資格がない。こうした問題点に対して、特定求職者支援制度が創設され、雇用保険受給資格のない求職者に対する支援も行われている（本章第6節参照）。

2. 職業能力開発の基本理念

　産業構造の変化、技術革新の進展や労働者の就業意識・就業形態の多様化に伴い、労働移動が増大しつつあり、労働者は、こうした変化に適応するために、企業内で通用する能力から、企業を越えて通用する能力が問われるようになってきた。労働者は、当面の企業内での職業遂行能力にとどまらず、特定の職務への習熟から、変化への適応能力や問題発見・解決能力、さらには創造的能力等の開発が求められる。

　国、企業、労働者は、一企業内の職業能力にとどまらず、企業を越えた外部労働市場を念頭に置きつつ、そこで通用する職業能力、すなわち、労働市場価値を含んだ就業能力というものを育成していく必要がある。この意味で、職業能力は、生涯にわたって職業生活の安定を図る上で必要な能力であり、「労働市場価値を含んだ就業能力」又は「実践的な職業能力」（エンプロイアビリティ）をも含むものといわなければならない。

エンプロイアビリティ

エンプロイアビリティは、必ずしも語義が確立しているとはいえないが、概ね、①職務遂行に必要となる特定の知識・技能などの顕在的なもの、②協調性、積極性等、職務遂行に当たり各個人が保持している思考特性や行動特性、③人柄、性格、信念、価値観等の潜在的属性に関するものを集合したものをいうとされている。いずれにしても、欧米のように職業概念が社会的に確立し、これに見合った学校教育制度、職業訓練制度が形成されている国々とは違って、明確な職業概念が形成されていない日本においては、職業能力といっても、その時々の産業の要請に応じて、様々な業務の遂行に必要な技能、知識及び態度というにとどまり、技術的・技能的に体系化されたものではない。

　能開法は、基本的理念として、職業能力開発を、「産業構造の変化、技術の進歩その他の経済的環境の変化による業務の内容の変化に対する労働者の適応性を増大させ、及び転職に当たっての円滑な再就職に資するよう、労働者の職業生活設計に配慮しつつ、その職業生活の全期間を通じて段階的かつ体系的に行われること」と規定している（能開3条）。

　これは、職業能力開発が、職業生活の全期間に通じて段階的かつ体系的に行うこと、そして、それは労働者自身の職業生活設計に配慮した形でなすことを示したものである。

　「職業生活設計」とは、「労働者が、自らその長期にわたる職業生活における職業に関する目的を定めるとともに、その目的の実現を図るため、その適性、職業経験その他の実情に応じ、職業の選択、職業能力の開発及び向上のための取組その他の事項について自ら計画すること」（能開2条4項）をいう。

　「職業生活」という用語について能開法は定義していないが、個人が過去・現在に従事した経歴と将来に就くと予想される職業を意味するものを指し、一般的用語の「キャリア」と同じものである[4]。キャリアとは、「経歴」・「経験」・「発展」、さらには「関連した職務の連鎖」をいい、時間的持続性ないし継続性をもった概念である。

　キャリア形成とは、このような概念を前提として、個人が職業能力を作り

4　諏訪康雄「職業能力開発をめぐる法的課題」日本労働研究雑誌618号（2012年）5頁。

上げていくこと、すなわち、「関連した職務経験の連鎖を通して職業能力を形成していくこと」をいう。また、職業生活設計とは、キャリアプランニングを意味するといえよう。

　職業生活の設計、キャリア形成に配慮した職業能力開発を基本理念とすることにより、能開法は、眼前の仕事や職務だけを法的規整の対象とするだけでなく、一定の継時性をもった職務経験の連鎖を総体として捉えて、法的な支援の対象にしようとするのである。

3. 職業能力開発政策の課題と具体的取組

(1) 政策課題

　以上のような基本理念を踏まえると、職業能力開発政策の法的課題は、変化する時代環境と雇用状況の中で、個人が、20歳前後から70歳前後まで半世紀にも及ぶ長い人生の中でどのような職業生活を設計し、実現していくかについて配慮しつつ、職業訓練制度、職業能力検定制度を編成することにある。すなわち、変化にさらされる長い職業生活では、人びとは多層サンドウィッチ状に就業と学習を何度も繰り返しつつ、変化に対応する能力を身につけていくことが必要であり、生涯にわたる学習は不可欠といえる。そこで、こうした学習を効果的に行うための教育訓練、実施機関を編成することが政策の課題となる。

　ところで、日本においては、長期雇用システムの下で内部労働市場が発展し、外部労働市場は未整備の状態であり、職業能力開発は、主として、企業内の職業訓練により行われていた。しかし、近年、企業の職業訓練に支出される費用は減少する傾向にある。日本は、もともと職業訓練に対する政策的費用は諸外国と比較してかなり低い。こうした状況の中で、現在の職業能力開発政策の課題はいかなるものであるか。

　厚生労働省の組織する「職業能力開発の今後の在り方研究会」報告書（2014年）は、人口減少・少子高齢化社会の進展、若年層を中心とした非正規雇用労働者の増加、グローバル化による競争激化等、日本の雇用を取り巻く現状を踏まえて、①若年層を中心に増加している非正規雇用労働者、育児等でキャリアブランクがある女性、中小企業に雇用されている者等に対しての重点

的な支援、②産業構造の変化・IT化等技術革新、国際化の進展等に対応した職業訓練の計画とノウハウの蓄積、訓練提供機関の育成を重点的課題としている。

特に、非正規雇用労働者等の教育訓練は、個人、企業いずれの立場でも投資のインセンティブが生じにくい構造にある。個人の立場で見た場合、職業能力開発の投資を行ってもその成果が転職先等に評価されにくい、投資の負担能力を有しない、投資を行うに相応しい分野の判断材料に欠ける場合が多いといった、複合的な制約が存する。他方、企業の立場で見た場合も、継続就業の可能性が相対的に低いこれら層に教育訓練やその成果の評価を行うインセンティブが生じにくく、また、職務上必要最小限の教育訓練が行われても、労働者個人に還元された教育訓練の成果が転職により他企業に帰属することになってしまう。これらのことが、労働者個人による訓練、企業による訓練をともに過小にさせる要因となっている。

職業能力開発の具体的取組としては、職業能力評価制度の確立、職業人生を通じた個人主導のキャリア形成支援、産業界のニーズや職業訓練の効果を踏まえた職業訓練の推進、若者に対する職業的自立・職業能力開発のための支援の強化が挙げられる。

(2)　職業能力開発の方策

職業能力開発を実施する方策について、能開法1条は、労働施策総合推進法と相まって諸施策を総合的かつ計画的に講ずると規定している。

それは、大きくは、国及び地方自治体の責務と事業主の責務とに分けられる（能開4条）。

まず、国、都道府県については、「職業能力開発基本計画」の作成と職業訓練の実施及び公共職業能力開発施設の設置と運営、国、都道府県による事業主に対する援助・助成、ジョブ・カードの普及、国による技能検定がある。

他方、事業主については、「計画的な職業能力開発」の策定、事業主による職場内訓練（OJT）及び職場外研修（Off-JT）の実施、情報提供、時間や配置上の配慮、有給教育訓練休暇などを規定している。

第3節　職業訓練

1.　事業主による職業訓練

(1)　認定職業訓練

　事業主の行う職業訓練は、事業主又は事業主団体等がその雇用する労働者に対して必要な技能・知識を習得させるために行う訓練であるが、その領域は広く、事業主等により多種多様である。日本では、職業訓練は、企業内の「働きながらの実地訓練」（OJT＝On the Job Training）が主流である。これに付随して「職場を離れての訓練」Off-JT＝ Off the Job Training）が行われる。

　能開法は、事業主が行う多種多様な職業訓練のうち、厚生労働省令で定める職業訓練の基準に適合したものを認定して（認定職業訓練）、様々な助成を行っている。

　事業主は労働者に対し、業務遂行過程における職業訓練（OJT）を行い、業務遂行過程外において国及び都道府県が設置する職業訓練施設での職業訓練（Off-JT）を受けることができるよう配慮しなければならない（能開8条、9条）。

　事業主は、その雇用する労働者の職業能力開発を行うため法令で定める措置に関する計画（事業内職業能力開発計画）を作成し、これを労働者に周知するよう努めなければならない。この計画の作成は努力義務であるが、事業主が雇用保険法に基づくキャリアアップ助成金（雇保施行規則118条の2）、人材開発支援助成金を受ける場合、支給要件とされている（同施行規則125条1項）。

　国・都道府県は、事業主による職業訓練を奨励するために、事業主に対して、①助言・指導、②技術的事項の相談その他の援助、③情報・資料の提供、④職業能力開発推進者に対する講習等の実施、⑤職業訓練指導員の派遣、⑥受託訓練の実施、⑦公共職業能力開発施設の使用等の便益の提供を行う。

人材開発支援助成金

　キャリアアップ助成金は非正規雇用労働者が正規雇用労働者になるための支援を事業主が行う場合の助成金であるのに対して、人材開発支援助成金は、正規雇用労働者の職業訓練などを実施する事業主に対して訓練経費や訓練中の賃金を助成するもので、以前のキャリア形成促進助成金である。訓練関連では、労働生産性の向上など訓練効果が高い内容に対するコース（特定訓練コース）、それ以外の一般訓練コースがある。この他、教育訓練休暇付与コース、有期雇用労働者の正社員化又は処遇改善に向けた特別育成訓練コースがある。

(2)　実習併用職業訓練

　実習併用職業訓練とは、企業内において実施する実習と、企業外の教育訓練機関等で実施する座学等とを効果的に組み合わせ、その成果について評価を行う職業訓練である。2006年の能開法改正により導入された（能開10条の2）。

　実習併用職業訓練は、企業の現場における実習があらかじめ組み込まれていることから、仕事の興味や問題意識を喚起しつつ、理論の学習と合わせて現場の生きた技術・技能を習得できる点で、より実践的な職業訓練といえよう。

　職業能力の評価の方法としては、教育訓練機関と十分協議し、客観的かつ公正な基準によって行う必要があり、具体的にはジョブ・カードを活用した評価、技能検定、職業能力評価基準、法律に基づく資格制度を活用した評価が想定されている。

　実習併用職業訓練を適切かつ有効に実施するために、実習併用職業訓練を実施しようとする事業主は、実習併用職業訓練の実施計画を作成して、厚生労働大臣の認定を受けなければならない（能開26条の3）。

2.　企業外職業訓練（公共職業訓練）

(1)　公共職業訓練

　失業者（離職者）、非正規労働者、就職困難者、転職希望者の多くは企業外の職業訓練（公共職業訓練）を受講することになる。非正規労働者は在職中であっても企業内訓練を受ける機会に乏しいのが実態である。厚生労働省に

よる令和元年の能力開発基本調査によれば、①OFF-JTを正社員に対して実施した事業所は75.1％、正社員以外に対して実施した事業所は39.5％、②計画的なOJTを正社員に実施した事業所は64.5％（前回62.9％）、正社員以外に対して実施した事業所は29.0％であり、非正規労働者の企業内訓練受講率は格段に低い。

　国及び都道府県は、「職業を転換しようとする労働者その他職業能力の開発及び向上について特に援助を必要とする者に対する職業訓練の実施」、「職業訓練の状況等にかんがみ必要とされる職業訓練の実施」に努めなければならない（能開4条2項）。公共職業訓練（これは「ハロートレーニング」ともいう）は、主に離職した労働者向けの「離職者訓練」、雇用保険を受給できない労働者向けの「求職者支援訓練」、在職しながら転職などを希望していたり、現在の職業能力の向上を図る労働者に対する「在職者訓練」及び「生産性向

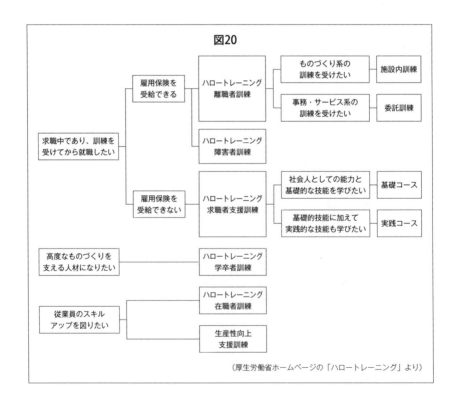

図20

（厚生労働省ホームページの「ハロートレーニング」より）

上支援訓練」、高等学校卒業者等向けの「学卒者訓練」、障害者向けの「障害者訓練」の6つに分かれる。

　離職者訓練は、主に雇用保険を受給できる離職者（受給終了者を含む）が再就職するために必要な知識や技術を習得するための訓練である。受講するためには、ハローワークに求職申込みをした後に、職業訓練を実施する施設の面接等の選考に合格し、ハローワークから職業訓練の受講あっせんを受ける必要がある。

　求職者支援訓練は、主に雇用保険を受給できない非正規労働者など（受給が終わった者も含む）を対象に、就職に必要な職業スキルや知識を習得するための職業訓練を無料（テキスト代等は自己負担）で実施している。

　在職者訓練は、国と都道府県とで異なる。国の場合、主に企業において中核的役割を果たしている者を対象に、職務の多様化・高度化に対応した、サービス・品質の高付加価値化や業務の改善・効率化等に必要な専門的知識及び技能・技術を習得させる高度な訓練を実施する。都道府県の場合は、主に初心者を対象に、機械・機器操作等の基礎的な取扱いを習得させる訓練等、地域の人材ニーズを踏まえた基礎的な訓練、地場産業等で必要とされる人材を育成するための地域の実情に応じた訓練を実施している。

　学卒者訓練は、主に高等学校卒業者向けの訓練期間1〜2年の訓練である。国においては、職業に必要な高度で専門的かつ応用的な技能・知識を習得させるための長期課程で行われる訓練である。都道府県においては、職業に必要な基礎的な技術・知識を習得させるための長期課程の訓練を実施している。

　障害者訓練は、障害がある人を対象にして、その状況に配慮したきめ細かい訓練を実施している。

　生産性向上支援訓練は、生産管理、IoT・クラウド活用、組織マネジメント、マーケティングなどあらゆる産業分野の生産性向上に効果的なカリキュラムにより、企業が生産性を向上させるために必要な知識などを習得する職業訓練である。

　公共職業訓練といっても、公共職業能力開発施設で行う訓練と、施設が民間に委託して民間が行う訓練（委託訓練）とで異なる。

⑵　公共職業訓練施設

　国及び地方自治体（都道府県、市町村）は、求職者の職業訓練のために、公共職業訓練施設として、①職業能力開発校、②職業能力開発短期大学校、③職業能力開発大学校、④職業能力開発促進センター、⑤障害者職業能力開発校、⑥職業能力開発総合大学校を設置している（能開15条の6第1項）。

　求職者に対して、公共職業能力開発施設の行う職業訓練を受けることについてあっせんを行うのは公共職業安定所である。公共職業訓練施設は求職者に対して無料で職業訓練を実施しなければならない。

⑶　委託訓練

　また、国・都道府県は、職業を転換しようとする労働者等に対して迅速かつ効果的な職業訓練を実施するため必要があるときは、適切と認められる専修学校などの他の施設により教育訓練を実施させることができる。これを「委託訓練」という。

第4節　個人主体のキャリア形成支援

1.　情報提供とキャリアコンサルティング

　労働者一人ひとりがその能力を最大限に活かせるためには、労働者が主体的にキャリア形成を行っていくことが重要である。それには、労働者個人が、職業に関する情報や教育訓練に関する情報などに容易にアクセスでき、入手できる体制を整備する必要がある。

　こうした情報には、①職業の業務内容（職業情報）や求められる職業能力、労働条件、②事業主が行う職業訓練に関する情報、公共職業訓練の情報、民間の教育訓練機関が提供する教育訓練の情報、③職業能力評価システムなどの情報がある。

　欧米のように職業概念が確立していない日本では、職業を「ジョブ」「タスク」「スキル」等の観点から分析して、労働市場の「共通言語」としてデ

ータベース化することが有効である。こうした理由から、2020年4月から厚生労働省は「職業情報提供サイト（日本版O-NET）」を開設している。

　個人の主体的なキャリア形成を行っていくためには、こうした情報の提供と合わせ、専門的なキャリアコンサルティングが必要である。キャリアコンサルティングとは、労働者の職業の選択、職業生活設計又は職業能力の開発及び向上に関する相談に応じ、助言及び指導を行うことをいう（能開2条5項）。キャリアコンサルティングを行うことを業とする者はキャリアコンサルタントといい（能開30条の3）、2016年から国家資格となった（名称独占資格）。

　とりわけ、フリーターや早期離職者、職業経験のない学卒未就職者、学生等の若者に対しては、早い時期からの職業意識の啓発や適切な職業選択を支援する必要があり、若者向けのキャリアコンサルティングが必要である。

　2015年に成立した若者雇用促進法は、若者向けのキャリアコンサルタントの充実を定めている。

2.　ジョブ・カード制度

　ジョブ・カード（職務経歴等記録書）とは、非正規労働者、訓練生などの求職者が、求人企業とのマッチングを経て、実践的な職業能力を習得し、安定的な雇用へと移行するため、キャリアコンサルティング、実践的な職業訓練の受講、就職活動等の応募書類として活用するために導入されたものである。その内容は、履歴シート、職務経歴シート、キャリア形成上の課題等を記入するキャリアシート、職業能力評価基準等を踏まえた評価シートなどから構成されている。国は、労働者の職業生活設計に即した自発的な職業能力の開発・向上を促進するため、ジョブ・カードの普及に努めている（能開15条の4）。

　日本においては、学校卒業後、就職した企業においてキャリアを形成していくことが主流であることから、新規学卒時に正社員になれないとその後正社員の職を得ることが難しい。ところが、職業能力開発は企業内訓練を中心に行われている。特に、1990年代前半以降の、いわゆる「バブル景気」後の就職氷河期に学校を卒業し、就職活動を行った若者の中には、正社員になりたくてもなれず、非正規労働者にとどまらざるを得なかった結果、職業能力形成の機会にも恵まれないという悪循環に陥っている者たちが多数存在した。

このため、2007年に、政府の「成長力底上げ戦略構想チーム」が「成長力底上げ戦略（基本構想）」において、「人材能力戦略」を柱のひとつとして掲げ、「職業能力を向上させようとしても、能力形成の機会に恵まれない人」への支援として、「職業能力形成システム」（ジョブ・カード制度）の構築を図った。さらに、ジョブ・カードは、「経済財政改革の基本方針2007」（2007年6月19日閣議決定）においても、政府の最優先課題として位置付けられた。

　ジョブ・カード制度の骨格は、①企業現場における実習（OJT）と教育訓練機関等による座学（Off-JT）からなる実践的な職業能力形成プログラム、②企業外にも通用する訓練成果の汎用性、③受講前後のキャリアコンサルティング（この過程で職業経歴や訓練成果を記載したジョブ・カードを作成する）だといえる。それは、職業能力の形成機会に恵まれない人の就職支援のツールとして創設され、その後、求職者・在職者等を対象として普及が図られてきた。

　しかし、これまでのジョブ・カードは、有期実習型訓練制度の助成金を期待した求職による利用が中心であったため、本人のキャリア形成上の課題等が記載されていること、一般の履歴書とは異なる様式であるため応募書類として活用しにくいこと、在職者向けの様式になっていないなどの問題点があった。

　一方で、技術革新の進展、産業構造の変化に伴って求められる職業能力が変化し、労働者の職業能力の「見える化」や、求職者・在職者等の個々人のキャリアプランの作成やこれに基づく職業能力開発、円滑な就職支援が求められている。そこで、2018年に、ジョブ・カードは、多様な人材の円滑な就職等を促進することを目的に、「生涯を通じたキャリア・プランニング」及び「職業能力証明」のツールとしてキャリアコンサルティング等の個人への相談支援の下、求職活動、職業能力開発などの各場面において活用できる制度として見直された（労働政策審議会職業能力開発分科会報告「労働者の職業能力の開発及び向上を促進する労働市場インフラの戦略的強化」（2015年））。

3. 教育訓練給付

　労働者や離職者が、自ら費用を負担して主体的にキャリア形成を図るため、

厚生労働大臣が指定した民間の教育訓練機関を受講した場合、雇用保険から本人が教育訓練機関に支払った費用の一部を補填する制度がある。これを教育訓練給付という。求職者は、厚生労働大臣から指定を受けた訓練講座に受講を申請し、受講修了後に自ら支払った費用の一定割合に相当する額の支給を受けるものである（雇保60条の２）。

　教育訓練給付は、一般教育訓練給付、特定一般教育訓練給付と専門実践教育訓練給付の３種類に分かれる。教育訓練給付を受給する資格は、在職者については雇用保険の被保険者で受給開始日に支給要件期間（同一の事業主の下で雇用保険の被保険者であった期間）が３年以上の者であるが、雇用保険資格を喪失した離職者であっても一定の要件の下にこの給付を受けることができる（雇保60条の２第１項、２項）。

　一般教育訓練給付は、原則として教育訓練施設に支払った経費の20％に相当する額（上限10万円）が受講者に支給される。特定一般教育訓練給付金は、教育訓練施設に支払った経費の40％に相当する額（上限20万円）が受講者に支給される。専門実践教育訓練給付では、訓練受講中は教育訓練施設に支払った経費の50％の額（上限120万円）が支給され、訓練終了後に資格を取得しかつ１年以内に雇用保険の被保険者として雇用された場合には、教育訓練施設に支払った経費の70％（上限168万円）が支給される（雇保60条の２第４項、同法施行規則101条の２の７）。

第5節　職業能力評価制度

1．職業能力評価の意義と課題

　職業能力評価は、事業主にとって、人事・労務管理、教育訓練の推進、処遇改善などのために重要である。労働者個人にとっても、キャリア形成を行うためには、自らの職業能力を把握し、適切に評価されることが不可欠である。さらに、労働者が労働市場において自己に適した職業を選択できるためには、自分のキャリアや経験が客観的に評価され、社会的に認知されること

が必要である。

　他方で、産業構造の変化や情報通信技術の進展、様々な職務上の対人要素の拡大等、求められる職業能力や保有する職業能力が変化し、かつ、みえにくくなり、能力面のミスマッチが深刻になっている。また、非正規労働者等は、労働移動の可能性が高く、企業はこうした労働者に人材育成投資を行うことに消極的となりがちである。そうなると、非正規労働者にとって、キャリアアップの機会が制約されることになる。

　こうした点から、職業能力の「見える化」を促進する必要がある。

　現在、公的職業能力評価制度としては、製造業、建設業などについては技能検定制度その他認定技能検査、認定社内検定があり、ホワイトカラー系については、人事、経理、営業、生産管理、企業法務等8分野についてユニットに分けて認定を行うビジネス・キャリア検定がある。また、政府は産業界との連携の下、各業種・職種において、仕事を遂行するために必要な能力や知識を職務レベルに応じて具体的に示した職業能力評価基準の策定を進めている。

　職業能力評価の結果として様々な職業資格が存在する。職業に関する「資格」について明確な定義はないが、一般には「一定の職務の遂行に必要な知識・技能等の能力の水準を国等の第三者が、特定の名称を与えて社会的に公証し、その知識・技能を行使する特定の職業行為が社会的に円滑に行われるようにする仕組み」等とされる。職業資格は、資格付与者の観点から、国家資格（法令等に基づいて国が実施・認定する資格）、公的資格（国の基準に基づいて公益法人等が実施し国が認定する資格）、民間資格（公益法人等の各種団体や民間企業等が実施・認定する資格）に分類できる。

　しかし、これら職業資格及びその前提となる職業能力評価は、それぞれの職種又は企業内の業務に応じて異なっており、企業横断的に共通言語化されていない。その結果として社会的に認知がなされていないという指摘がなされている（厚労省職業能力開発局「労働市場政策における職業能力評価制度のあり方に関する研究会」報告書（2014年））。ジョブ・カードでは職業能力評価シートの作成が求められ、評価基準として「汎用性のある評価基準」を参照させているが、これは前述の職業能力評価基準のほか様々な基準から構成されてい

て、各基準の間で「ものさし」の統一がなされていない。ヨーロッパ、アジアで職業能力評価基準の統一化が進行しているのに対して、日本での統一化の歩みはかなり遅れていると言わざるを得ない。

2.　技能検定制度

技能検定制度は、国家検定として、全国斉一の制度として運用されている。名称独占型の国家検定である。能開法が規定している唯一の職業能力評価制度である。

具体的には、①企業横断的・業界標準的な普遍性を有する、②技能及び知識を客観的に評価できる、③対象労働者が全国的に相当数存在する等の3要件を満たす対象職種を設定し、評価方法（実技試験及び学科試験）、採点方法等について国の定める共通・客観的な基準により、全国的な統一性を確保している。

技能検定試験は、2020年には111職種を対象に実施されている。合格すると「技能士」を称することができ、累計では、延べ約470万人が技能士となっている（2019年）。

技能検定制度は、名称独占資格としての十分な信頼性を確保するため、国による厳格な基準の設定や適用の強い関与の仕組みを設けているために、例えば、対人サービス分野など、顧客ニーズに応じた職業能力の変化・多様性の程度が相対的に高く、予め客観化することに困難がある分野には適さない。

3.　ビジネス・キャリア検定

ビジネス・キャリア制度は、事務系職業に就く労働者に求められる職業能力が高度化していることから、業種横断的で、在職者・求職者を問わず、ホワイトカラー労働者を対象として、①段階的かつ計画的な自らの職業能力の習得を支援すると共に、②キャリアアップのための職業能力（主に知識）の客観的な証明を行うことを目的に1993年に導入された。その後2007年に能力評価機能を高めるために、ビジネス・キャリア検定に改編された。

ビジネス・キャリア検定試験の試験分野は、人事・人材開発・労務管理、経理・財務管理、営業・マーケティング、生産管理、企業法務・総務、ロジ

スティクス、経営情報システム、経営戦略の8分野の事務系職務を広く網羅し、職務・能力レベルに応じて体系化した区分ごとに実施している。

4. 職業能力評価基準

　職業能力評価基準とは、業界団体と連携して、綿密な職務分析を基に、仕事をこなすために必要な知識や技術・技能に加えて、どのように行動すべきかといった「職務遂行能力」を記述したものである。業種別、職種・職務別に、担当者に必要とされる能力水準から組織・部門の責任者に必要とされる能力水準まで4つのレベルを設定し、整理体系化している。

　評価基準は、経理・人事などの業種横断的な事務系職種のほか、電気機械器具製造業、ホテル業、自動車製造業などの業種・職種について策定されており、今後も順次策定が予定されている。

第6節　求職者支援制度

1. 求職者支援制度の目的とその性格

　求職者支援制度とは、非正規雇用労働者や長期失業者が増加する中で、雇用保険を受給できない求職者（特定求職者）に対し、職業訓練を実施するとともに、職業訓練を受けることを容易にするための給付金（職業訓練受講給付金）を支給すること等を通じてその就職を支援する制度である。

　2008年のリーマンショックの際に、製造業を中心に大量の解雇・雇止めが発生した。その多くが、雇用保険を受給できない非正規離職者、長期失業者などであり、国は、2009年の補正予算として、「緊急人材育成・就職支援基金」を創設して、こうした者に対して、職業訓練、再就職、生活への支援を総合的に実施していた。

　「緊急人材育成・就職支援基金」は時限的な政策であったので、政府は、雇用保険を受給できない求職者に対する恒常的な制度とするために、2011年、「職業訓練の実施等による特定求職者の就職の支援に関する法律」（以下、求

職者支援法）を制定した。

　求職者支援制度は、雇用保険の失業等給付（失業者に対する第１のセーフティネット）と生活保護（第３のセーフティネット）をつなぐ第２のセーフティネットという位置付けが与えられている（厚生労働省労働政策審議会職業安定分科会雇用保険部会報告「求職者支援制度について」(2011年１月27日)）。この背景には、労働の能力と意思をもっているにもかかわらず仕事に就けないために困窮する者は、生活保護制度による保護を受けるほかないのだが、生活保護はこうした失業者の受け皿とするには限界があると認識されてきた事情がある。

　そのため、求職者支援制度は、早期の再就職促進と生活保障という２つの側面をもっている。この制度は、雇用保険を受給できない者に対して職業訓練を受ける機会を提供するとともに、生活困窮者に生活の安定を確保するという２つの性格をもつ。例えば、職業訓練受講給付金を受給するために生活保護手続で用いられてきた、受給者本人の収入、家族世帯収入、金融・不動産資産などの審査調査（ミーンズテスト）が用いられている。この制度導入に当たっての思惑の違いがこの制度の性格をあいまいにしている。

　とはいいながらも、現行の求職者支援制度は、あくまでも特定求職者の早期の再就職を支援するものといえる。そこで、雇用保険２事業とは別の雇用保険附帯事業として位置付けられた。当初給付金の財源を全て国庫が負担すべきだとの意見が出されていたが、財源確保が困難だったことから、その財源の２分の１を国庫が負担し、他の２分の１を労使折半で負担することにしている。

　他方で、生活保護受給者の就労を促進するために、2013年に生活保護法の改正と生活困窮者自立支援法が制定されている。

　まず、生活保護から脱却すると、税・社会保険料等の負担が生じるため、こうした点を踏まえた上で、生活保護を脱却するためのインセンティブを強化するとともに、脱却直後の不安定な生活を支え再度保護に至ることを防止するために、保護受給中の就労収入のうち、収入認定された金額の範囲内で別途一定額を仮想的に積み立て、安定就労の機会を得たことにより保護廃止に至った時に支給する制度（就労自立給付金）を創設した（生活保護法55条の４）。

　また、労働能力を有する求職者の生活保障のために、生活困窮者自立支援

法は、市町村が、生活困窮者自立相談支援事業の実施、生活困窮者住居確保給付金の支給その他の生活困窮者に対する自立の支援に関する措置を講ずることにより、生活困窮者の自立の促進を図ることを定めている（生活困窮者自立支援法1条）。

2. 特定求職者

　求職者支援制度における特定求職者とは、公共職業安定所に求職の申込みをしている者のうち、労働の意思及び能力を有しているものであって、職業訓練その他の支援措置を行う必要があるものと公共職業安定所長が認めたものをいう（求職者支援2条）。すなわち、①ハローワークに求職の申込みをしていること、②雇用保険被保険者や雇用保険受給資格者でないこと、③労働の意思と能力があること、④職業訓練などの支援を行う必要があるとハローワークが認めたことが要件となる。

　具体的には、雇用保険の適用がなかった者、加入期間が足りず雇用保険の給付を受けられなかった者、雇用保険の受給が終了した者、学卒未就職者や自営廃業者の者等がこれに当たる。

3. 特定求職者への職業訓練（求職者支援訓練）

　求職者支援訓練は、基礎コースと実践コースがある。基礎コースは2〜4ヶ月の訓練期間で、就職に関する基礎的な知識や技能を習得する訓練コースである。実践コースは3〜6ヶ月の訓練期間で、就職を希望する職種に合わせた専門的な技能を習得する訓練コースである。

　厚生労働大臣は、特定求職者に対する職業訓練の実施目標等の重要な事項を定めた職業訓練実施計画を策定し、職業訓練実施計画に照らして適切なものであること、特定求職者の職業能力の開発及び向上を図るために効果的なものであること等の要件に適合するものであることの認定をし、この認定を受けた認定職業訓練を行う者に対して、必要な助成を行うことができる（求職者支援3条〜5条）。

　公共職業安定所長は、特定求職者の就職を容易にするため、職業指導及び職業紹介等の就職支援措置を効果的に実施するための就職支援計画を個別に

作成し、その措置を受けることを特定求職者に指示する（求職者支援11条、12条）。

　また、職業安定機関、認定職業訓練を行う者等の関係者は、特定求職者の就職の支援について、相互に密接に連絡し、協力するように努めなければならない。

4.　職業訓練受講給付金

　国は、公共職業安定所が指示した認定職業訓練又は公共職業訓練を、特定求職者が受けることを容易にするために、当該特定求職者に対して「職業訓練受講給付金」を支給する（求職者支援7条）。職業訓練受講給付金は、職業訓練受講手当、通所手当及び寄宿手当からなる。

　職業訓練受講手当の受給要件は、①本人収入が月8万円以下、②世帯全体の収入が月25万円以下、③世帯全体の金融資産が300万円以下、④現在住んでいるところ以外に土地・建物を所有していない者などである。これに加えて、⑤全ての訓練実施日に出席している（やむを得ない理由がある場合でも、支給申請の対象となる各訓練期間の8割以上出席している）、⑥同世帯の中に同時にこの給付金を受給して訓練を受けている人がいない、⑦過去3年以内に、偽りその他不正の行為により、特定の給付金の支給を受けたことがない、ことが要件とされている（求職者支援施行規則11条1項）。

　認定職業訓練を行う者に対する助成及び職業訓練受講給付金の支給については、公共職業安定所が、個別に就職支援計画を作成し、就職支援を行う（求職者支援11条）。給付金を受給する者は、月に1回公共職業安定所に来て、訓練の出席状況を確認することになっている。

　現在、新型コロナウイルス感染症の影響でシフトが減らされた非正規雇用労働者で雇用保険受給資格がない者には、働きながら求職者支援訓練を受けられるように、全訓練実施日の受講を緩和している。求職者支援訓練にとどまらず、非正規雇用労働者は企業内訓練を受講する機会が乏しいことを考えるとき、この措置はコロナ禍の影響がなくなっても継続すべきであろう。

■事項索引■

【さ】

■ **著者紹介**

鎌田耕一（かまた・こういち）
　中央大学法学部卒業後、中央大学大学院法学研究科博士前期課程修了
（法学修士）
　東洋大学法学部教授を経て、現在東洋大学名誉教授

【主な社会的活動】
　厚生労働省　労働政策審議会　前会長
　厚生労働省　中央労働委員会　元公益委員
　法務省　司法試験考査委員

【主な著作】
　契約労働の研究（編著、多賀出版、2001年）
　労働法理論変革への模索（編著、信山社、2015年）
　労働者派遣法（編著、三省堂、2017年）

概説　労働市場法　第2版

2017年10月25日　初版発行
2021年10月1日　第2版第1刷発行

著　者　　　鎌　田　耕　一
発行者　　株式会社　三　省　堂
　　　　　　　代表者　瀧本多加志
印刷者　　三省堂印刷株式会社
発行所　　株式会社　三　省　堂
〒101-8371　東京都千代田区神田三崎町二丁目22番14号
　　　　　　電話　編集　(03)3230-9411
　　　　　　　　　営業　(03)3230-9412
　　　　　　https://www.sanseido.co.jp/
© K. Kamata　2021　　　　　　　　　　Printed in Japan
落丁本・乱丁本はお取り替えいたします。　　〈2版労働市場法・248pp.〉
ISBN 978-4-385-32175-2